VIE
DE
M. PIERRE FAVREL

VICAIRE GÉNÉRAL

DE MONSEIGNEUR PARISIS

PAR

M. l'abbé MAUGÈRE

LANGRES

IMPRIMERIE ET LIBRAIRIE FIRMIN DANGIEN

3, rue de l'Homme-Sauvage, 3

1880

DE

M. L'ABBÉ PIERRE FAVREL

VIE

DE

M. PIERRE FAVREL

VICAIRE GÉNÉRAL

DE MONSEIGNEUR PARISIS

PAR

M. l'abbé MAUGÈRE

LANGRES

IMPRIMERIE ET LIBRAIRIE FIRMIN DANGIEN

3, rue de l'Homme-Sauvage, 3

1880

APPROBATION

de Monseigneur l'Evêque de Langres.

Je ne puis que bénir ce travail, mon cher Monsieur Maugère, et je suis heureux, après avoir lu dans la SEMAINE RELIGIEUSE *de Langres les pages si intéressantes que vous avez écrites sur le vénérable abbé Favrel, d'apprendre que vous nous donnez une biographie encore plus complète de ce prêtre si digne du souvenir de tous parmi nous. M. Favrel par ses admirables vertus et ses saintes œuvres est du nombre de ces hommes desquels l'Esprit saint nous dit que leur mémoire doit demeurer en bénédiction à toujours : sa biographie sera lue avec bonheur et avec fruit; et je vous remercie de tout cœur du service que vous nous avez rendu en l'écrivant.*

Langres, le 10 *juillet* 1880,

† *Guillaume-Marie-Frédéric,*

Evêque de Langres.

AVANT-PROPOS.

La biographie que nous publions a déjà paru, du moins en grande partie, dans la *Semaine religieuse du diocèse de Langres*. Bien que morcelée en plus de vingt articles, elle a trouvé des lecteurs bienveillants. Bon nombre de nos confrères ont bien voulu et veulent bien nous dire que notre travail leur a révélé un côté nouveau, non le moins édifiant de la vie de M. Favrel, et nous ont engagé à compléter ces articles et à les réunir en un volume. Grâce à la générosité de M. l'abbé Jean Favrel, curé de Saint-Geôsmes, et frère du défunt, nous pouvons réaliser ce désir.

Nous le faisons avec plaisir; il y a tant de charme à aspirer le parfum des vertus! Ce charme, nous l'avions éprouvé en recueillant les éléments de cette biographie; nous le ressentons plus vivement encore en revoyant les diverses phases de cette existence si belle et trop peu connue.

Les premières années de la vie de M. Favrel nous initient aux mœurs d'une famille vraiment chrétienne. Avec quel bonheur on pénètre sous cette humble chaumière où la loi divine est l'unique règle de conduite, où les parents donnent l'exemple de la vertu, où les enfants font les délices de leurs parents, où Dieu vient choisir trois enfants, qu'il destine à l'honneur du sacerdoce ou de la vie religieuse. Spectacle consolant que nous sommes heureux de présenter, en nos jours de défaillance, aux familles vraiment chrétiennes.

Mais c'est surtout le clergé qui trouvera dans cette biographie un beau modèle de vie sacerdotale. Le prêtre est l'homme du dévouement. Il ne s'appartient pas. Il est à Dieu, il est au prochain ; il n'est à lui-même que pour se perfectionner dans la vertu afin de mieux servir les intérêts de Dieu et des âmes. Or qui a mieux réalisé ce type que M. l'abbé Pierre Favrel? Qui montra plus d'amour pour Jésus-Christ et pour l'Eglise? Qui se dévoua plus complétement au salut des âmes? Qui mena une vie plus humble, plus désintéressée, plus austère?

Le côté intime de la vie de M. Favrel est le plus admirable et le moins connu. Nous l'avons étudié avec un soin particulier, persuadé qu'il exciterait plus d'une âme à s'élever vers les hautes régions, hélas! trop désertes, de l'immolation chrétienne.

Cette biographie a encore l'avantage de faire connaître plus intimement deux personnages, célèbres à divers titres. D'abord Madame d'Houët, cette femme si remarquable par son intelligence, l'énergie de son caractère et la sainteté de sa vie; mais surtout Mgr Parisis, ce grand évêque, si justement appelé l'Athanase du dix-neuvième siècle. M. Favrel eut l'honneur d'être estimé de cet illustre pontife; il devint son collaborateur, son hôte habituel, son compagnon inséparable dans l'oraison, son ami du cœur, un autre lui-même. A sa mort, il mérita que ce grand pontife le pleurât, et dît de lui en montrant son portrait : « Voilà mon meilleur ami, le seul qui ne me flatta jamais; » parole d'or, digne à la fois de celui qui les prononçait et de celui qui en était l'objet. Mais si le « meilleur ami » ne flattait pas, du moins il racontait parfois dans des lettres intimes et qui n'étaient aucunement destinées à la publicité, de précieux détails qui nous initient à la vie du Prélat. Jusqu'à présent Mgr Parisis n'était guère connu que par son génie, son merveilleux esprit d'initiative, ses grands travaux pour la liberté de l'Eglise et de l'enseignement. On saura désormais qu'il menait une vie aussi laborieuse et aussi régulière qu'un bénédictin, aussi mortifiée qu'un saint.

Puisse ce travail, encouragé et béni par notre Révérendissime Evêque, produire les fruits de salut qui nous l'ont fait entreprendre !

CHAPITRE I.

Naissance. Education domestique. Séjour à Saint-Maurice chez M. l'abbé Bailly. Tonsure.

M. Favrel naquit à Corlée, modeste village gracieusement assis dans une vallée au pied de la ville de Langres C'était le 30 décembre 1797.

1797 ! ce n'est pas une année de bon augure pour des parents chrétiens, car la révolution n'a pas encore entièrement achevé le cours de ses fureurs, et l'impiété est encore triomphante.

Mais Dieu veille sur ce berceau, et entoure de ses plus précieuses bénédictions les premiers pas et la jeunesse de cet heureux enfant.

Son père, Pierre Favrel, est un excellent chrétien. Il n'a pas d'autre règle de conduite que les enseignements de Dieu et de la sainte Eglise. Ces principes, il les a puisés, non-seulement au pied de la chaire sacrée, mais dans le sanctuaire du foyer paternel; car la vertu est traditionnelle dans la famille des Favrel. Aussi haut que l'on puisse remonter dans l'histoire de cette généalogie, on retrouve dans tous les membres la fidélité la plus inviolable aux préceptes de la religion.

Sa mère, Colette Bailly, née à Châtenay-Mâcheron, n'avait pas moins d'attachement à la religion. A Châtenay, nulle famille n'était plus recommandable que celle des Bailly. Son père, Claude-Hilaire Bailly, a laissé, en mourant, la mémoire la plus honorée. Probe, intelligent, dévoué, c'était vraiment l'homme du pays, qu'il administra d'ailleurs pendant de longues années en qualité de maire. Même dans les plus mauvais jours de la grande révolution, il continua d'exercer ces fonctions administratives.

Et cependant ses sentiments de religion n'étaient un mystère pour personne. Il les manifestait hautement. Un de ses fils, le vénérable Pierre Bailly, que nous reverrons au cours de ce récit, était prêtre; et

M. l'abbé Simon Garnier, qui fut plus tard élevé à la dignité épiscopale, était son beau-frère.

Non-seulement il aimait les ministres du sanctuaire, mais il les soutenait, même au péril de sa vie. Que de fois, à cette époque néfaste, ne donna-t-il pas l'hospitalité aux prêtres fidèles qui avaient reçu la périlleuse mission de rester sur le théâtre du combat pour consoler les forts, affermir les faibles, et administrer les sacrements! Il n'était pas rare de voir les intrépides confesseurs de la foi travestis sous les déguisements les plus variés, frapper à la porte d'Hilaire Bailly, car ils étaient sûrs d'être bien accueillis. Parmi ces courageux visiteurs, nous pouvons citer en particulier le célèbre Père Jean qui montra toujours une si merveilleuse habileté à déjouer les recherches de la police révolutionnaire, et le pieux abbé Blanchard, de Peigney, qui eut la gloire de donner sa tête pour la cause de Jésus-Christ.

Nous n'avons pas encore tout dit à la louange du courageux magistrat de Châtenay-Mâcheron. Il ne se contentait pas de donner furtivement l'hospitalité aux prêtres persécutés; il fit un acte que sa position de maire rendait très grave et qui aurait pu lui coûter fort cher. Comme tous les bons prêtres, son fils, l'abbé Pierre Bailly, avait été condamné à la déportation. Son admirable père l'engagea à rester dans son pays : « Ma maison, lui dit-il, sera ton refuge. Je saurai bien te cacher et te mettre à l'abri des perquisitions de la police. » L'abbé Bailly suivit le conseil de son père. Ami de M. Blanchard, il aurait pu comme lui, à la faveur des ténèbres et de quelque déguisement, parcourir les paroisses voisines et rendre de précieux services; mais s'il avait la piété de son héroïque ami, il n'en avait pas l'intrépidité. Il resta donc dans la maison paternelle, priant, jeûnant, attendant la fin de l'orage, afin de relever les ruines accumulées par la révolution. Et pendant ces longues et douloureuses années de captivité volontaire, il échappa à toutes les recherches et à toutes les poursuites, grâce à la prudence et au dévouement d'Hilaire Bailly.

Voilà le père de Colette Bailly; voilà les principes qu'il grava dans le cœur de ses onze enfants.

Colette Bailly va transmettre ces nobles sentiments à sa belle et nombreuse famille.

L'aîné, dont nous retraçons ici l'histoire, fut baptisé tout après sa naissance; car en ces temps de foi les parents se gardaient bien de laisser leurs enfants sous le joug du démon. Ils se hâtaient de les purifier de la souillure originelle, et de leur procurer, par le saint baptême, les plus beaux titres du monde, l'amitié du Roi des rois, la filiation divine, le droit à l'héritage céleste.

L'enfant reçut au baptême le nom de Pierre; nom depuis longtemps tenu en grand honneur dans cette famille, car il reparaît souvent dans la généalogie des Favrel et des Bailly; indice certain d'un profond attachement pour l'Eglise romaine, et, pour l'avenir, heureux présage, que l'abbé Favrel saura réaliser dans tout le cours de sa carrière sacerdotale.

La grâce du baptême ne fut pas la seule faveur qu'il reçut à son entrée dans la vie. Dieu lui procura l'avantage du baptême solennel; bienfait très rare à cette époque de bouleversement, parce que la plupart des prêtres exilés n'avaient encore osé retourner dans leur patrie, et le plus grand nombre des paroisses étaient encore dans le veuvage. Celle de Corlée avait été plus heureuse; dès 1795, son digne curé, Monsieur l'abbé Denis Jossinet, avait eu le courage d'y revenir. Et comme cette religieuse population était profondément attachée au clergé, il exerça publiquement les fonctions pastorales jusqu'en 1798, où il n'échappa à la prison que par le dévouement de plusieurs de ses paroissiens qui la subirent pour lui. Il put donc baptiser solennellement en 1797 le jeune Favrel, qui devait lui être bien cher, parce que le bon curé avait en grande estime ses honorables et vertueux parents.

Les dons spirituels que le ciel avait prodigués au nouveau-né, ne furent pas négligés, comme il n'arrive, hélas! que trop souvent en nos jours dégénérés. Le père et la mère savaient les apprécier, et les mettaient bien au-dessus de toutes les richesses de la terre.

Pierre Favrel savait à peine parler, que déjà il connaissait ses prières, et les récitait à genoux avec une fidélité et une grâce charmantes.

Enchanté de ces heureuses dispositions,

son vénérable père lui apprit lui-même les *Introïbo.* Le succès fut complet. Pierre qui n'avait encore que trois ans et demi, les récitait imperturbablement.

Et ce n'était pas inutile, car plus d'une fois, dans la saison d'été, Pierre Favrel se trouva être l'unique servant de messe dans l'église de Corlée. Assurément le service n'était pas parfait; le petit enfant ne pouvait porter le missel, ni même présenter les burettes; le bon curé était obligé d'y suppléer. Mais quel bonheur de voir ce petit ange si intelligent, si actif, si gaîment dévoué pour les choses de Dieu! Quel sujet d'espérance pour l'avenir!

M. l'abbé Jossinet ne se trompait pas. Son attente fut même dépassée. Chaque jour le jeune Favrel montrait de nouvelles qualités. Son amour pour le culte sacré, son respect et sa tendresse envers ses parents, la candeur de son âme, surtout l'enjouement, qui était comme le fond de son caractère et qui ne le quitta jamais, en faisaient un enfant délicieux, non-seulement aux yeux de sa famille, mais de tous ses compatriotes.

A qui devons-nous faire honneur de ces

qualités et de ces vertus? Déjà sans doute au bon naturel de l'enfant, et à la grâce de Dieu qui ne fait jamais défaut, mais encore et surtout à l'éducation de la famille.

Ah! l'éducation qui vient de parents chrétiens, quelle belle et sainte chose! Il n'est pas sur la terre de bienfait comparable à celui-là. Nous le savions déjà; l'étude que nous faisons en ce moment nous en fournit une nouvelle et touchante preuve.

En se mariant, Pierre Favrel et Colette Bailly avaient accepté toute la responsabilité de cette vocation, les joies et les douleurs, toujours les soins et les soucis. Dieu bénit leur union, en leur envoyant sept enfants, trois garçons et quatre filles : Pierre, dont nous commençons la biographie, et qui portait le nom de son père; Marie-Anne, Marguerite, Jean, qui embrassa aussi la carrière sacerdotale et qui administre la paroisse de Saint-Geôsmes, Marie, Catherine, qui devint religieuse et mourut dans ce saint état, et Jean-Pierre qui sut, dans la vie périlleuse des camps, rester fidèle à Dieu comme à la patrie.

Dans les familles nombreuses il n'est pas rare que l'ange de la mort vienne visiter quelques berceaux et y cueille des fleurs pour l'ornement du palais céleste en même temps que pour la félicité de ces innocentes créatures. Assurément cette visite de la mort est bien adoucie dans le cœur des parents chrétiens par la certitude du bonheur éternel dont jouissent ces élus de Dieu, mais c'est toujours un dur sacrifice pour la nature. Le ciel l'épargna à ces braves gens. Ils eurent la joie de voir grandir ces sept enfants, en qui ils devaient trouver l'honneur de la vie et le bâton de la vieillesse.

Nous disons la joie, parce que les parents vraiment vertueux ne s'effraient pas en voyant se multiplier le nombre de ces gracieux convives autour de la table domestique. Ils savent que le Père céleste qui nourrit les oiseaux du ciel, et qui revêt le lys des champs d'une parure plus brillante que celle du glorieux Salomon, n'abandonne pas ceux qui se confient en sa providence, mais qu'il a pour eux au contraire des bénédictions spéciales. Ainsi pensaient les parents de M. l'abbé Favrel, et nous allons voir combien ils avaient raison.

Néanmoins ils savaient parfaitement qu'ils ne devaient par tout attendre du ciel, et ils ne négligeaient rien pour former le corps et surtout l'âme de ces innocentes créatures. A peine commençaient-elles à bégayer que Colette Bailly leur apprenait les doux noms de Jésus et de Marie ; ensuite elle leur enseignait les prières du catéchisme. Aussitôt qu'ils les savaient, ils les récitaient chaque matin et chaque soir.

Aucun n'y manquait, parce que la pieuse mère était intraitable sur ce point, persuadée que ses enfants serviraient bien leur père et leur mère de la terre s'ils servaient bien leur Père du ciel. Un soir Jean-Pierre, le dernier de la famille, s'était mis au lit sans avoir prié le Seigneur. Une mère ordinaire se fût contentée de lui dire : « Mon enfant, c'est très-« mal. Garde-toi de recommencer une « aure fois ; » et l'on eût admiré cette mère, tant le sens de l'éducation est affaibli. Colette Bailly, qui a été formée à l'école du pur évangile, la comprend autrement : « Comment, lui cria-t-elle, oses-tu te cou-« cher sans avoir adoré Dieu ? Lève-toi

« bien vite, et répare ta faute. » Jean-Pierre, qui savait que sa mère ne transigerait pas sur ce sujet, n'hésita pas, il se leva et s'agenouilla pour faire sa prière. Voilà une femme intelligente, voilà une mère courageuse, qui sait créer les saintes habitudes dans le cœur de ses enfants ! Jean-Pierre n'oublia jamais cette réprimande. Appelé dans la suite à la carrière des armes, il se montra toujours fidèle aux pratiques de religion, ainsi que l'attestent plusieurs lettres que nous avons sous les yeux.

Et la prière que demandaient les parents n'était pas une de ces affaires de routine que l'on exécute à la hâte et par manière d'acquit ; c'était au contraire un acte très-grave et sacré qui devait s'accomplir avec toute la vénération réclamée par la majesté divine. Colette Bailly était très-sévère en cette matière. Quand les travaux le permettaient, la prière se faisait en commun autour du foyer domestique, coutume admirable, si connue encore au commencement de ce siècle, mais qui malheureusement tend de plus en plus à disparaître en nos jours dégénérés. C'était ordinairement le père qui priait à haute voix au nom de toute la famille. Il arrivait parfois que la prononciation était trop hâtée et peu distincte. La pieuse mère souffrait de ce défaut involontaire, et conjurait son mari de désigner un des enfants pour le remplacer dans cette sainte fonction, car elle ne supportait pas que l'on adressât à Dieu des hommages imparfaits, et que l'on donnât à la famille un exemple de négligence sur un point aussi important.

Elle n'était pas moins exigeante pour les prières qui accompagnent le repas. Cette coutume, aussi ancienne que le monde, observée chez les païens avec autant d'exactitude qu'au milieu du peuple juif et chrétien, était scrupuleusement suivie dans la maison des Favrel. On ne manquait pas d'appeler les bénédictions célestes sur les aliments afin qu'ils fussent salutaires à la fois au corps et à l'âme.

Puis on s'asseyait gaiement autour de la table servie plus ou moins abondamment, mais très-frugalement; car on ne connaissait pas alors ce luxe des festins dont nous jouissons, ou plutôt dont nous souffrons aujourd'hui. D'ailleurs c'était nécessité, car si la famille des Favrel possédait une certaine aisance, elle n'avait pas de fortune, et il fallait satisfaire sept robustes appétits toujours éveillés par le stimulant d'une excellente santé aussi bien que par l'activité dévorante du jeune âge. Plus d'une fois même ces enfants sentirent la gêne et les privations. Ils n'ont pas encore oublié les rudes années de 1816 et 1817, où l'on se contentait de pain d'orge et d'avoine, et encore ce pain faisait-il souvent défaut. Néanmoins aucune voix ne s'élevait contre la divine Providence, parce que tous avaient été formés à bénir la main du Seigneur dans l'adversité comme dans la prospérité. Bien plus, ils puisèrent dans ces épreuves ces habitudes austères qui nous étonneront et nous édifieront au cours de ce récit.

La piété envers Dieu engendre le respect pour son nom trois saint. Le jurement était inconnu sous le toit des Favrel. L'enfant qui se serait permis quelque outrage contre Dieu ou les choses saintes était sûr de recevoir un juste châtiment. Un jour le jeune Pierre Favrel, celui-là même dont nous écrivons la vie, laissa échapper je ne sais quelle parole blasphématoire. Il le paya cher. La mère, qui l'avait entendu, était tout hors d'elle-même. Elle court aussitôt chercher des orties, en fait un fouet bien conditionné, et en flagelle impitoyablement, sur la chair nue, le petit blasphémateur qui sollicite vainement son pardon par ses regrets et ses sanglots. La leçon était dure, mais elle était méritée, et elle fut efficace. Jamais on ne surprit à l'avenir un seul mot injurieux sur les lèvres de l'enfant. M. l'abbé Favrel aimait à raconter cette scène de douleur, non certes pour blâmer sa pieuse et courageuse mère, mais au contraire pour la féliciter, en même temps que pour montrer l'avantage des punitions corporelles trop délaissées de nos jours.

Le dimanche était observé dans cette famille avec une fidélité que nous ne pourrions décrire sans faire rougir nombre de chrétiens actuels. On y connaissait la loi du décalogue : « Tu travailleras pendant six « jours. Quant au septième, c'est le jour « du Sabbat, c'est-à-dire le jour du repos « du Seigneur ton Dieu. En ce jour, toi, « ton fils, ta fille, ton serviteur et ta ser- « vante, ton bœuf, ton âne, tout animal de

« ton étable, ne ferez quoi que ce soit. Je « veux que vous vous reposiez tous en ce « jour. » Ainsi parlait le Seigneur, et sa voix était respectée. Nul ne se livrait au travail sans nécessité, et même dans ce cas on ne manquait pas de solliciter auparavant la permission du pasteur.

Et certes ce n'était pas mollesse ou négligence, car les Favrel ont laissé à Corlée, ainsi qu'à Saint-Maurice qu'ils habitèrent dans la suite, la réputation d'infatigables ouvriers. Non, on le faisait parce que la volonté de Dieu, qui était la règle suprême, était formelle. Qui ne sent d'ailleurs que le repos du dimanche donne au corps et à l'âme une vigueur nouvelle pour le travail de la semaine?

Le dimanche n'est pas seulement jour de repos, c'est aussi jour de prière et de saintes œuvres : « Souvenez-vous, dit « encore le Seigneur, de sanctifier le jour « du Sabbat. » De bonne heure donc on se disposait à passer dignement le temps sacré. Le ménage devenait plus propre, le foyer plus riant; chacun revêtait des vêtements plus élégants. Le matin des grandes fêtes, on allait faire ses prières au saint temple, afin de préparer en son cœur un trône plus brillant au Dieu de l'Eucharistie, car la mère et les filles s'approchaient assez fréquemment de la table des anges, et le père et les fils ne manquaient pas de les y précéder dans les grandes solennités.

Dès que la cloche appelait les fidèles à la prière, tous s'acheminaient vers le saint temple, si déjà ils n'avaient devancé l'appel de cette douce messagère de Dieu, car le plus souvent ces enfants n'assistaient pas en simples spectateurs aux offices de l'Eglise; ils y remplissaient ordinairement quelque fonction très goûtée. Les fils servaient M. le curé en qualité d'acolythes et de thuriféraires, ou bien chantaient les louanges divines; les filles récitaient le chapelet et paraient les autels.

Quel charme dans ces dimanches et ces fêtes! Quelles douces et pures émotions au milieu de ces pompes sacrées! C'était, pour les parents aussi bien que pour les enfants, un commencement du paradis!

Et quand la journée du dimanche était passée avec ses incomparables délices, quand la nuit avait ramené tout le monde au logis, après le joyeux souper de famille on faisait ordinairement quelque bonne lecture, soit dans la Bible, soit dans l'histoire de l'Eglise, soit dans la vie des saints.

Quelquefois le père y suppléait par quelques causeries non moins édifiantes qu'intéressantes. Comme il connaissait parfaitement le calendrier ecclésiastique, il annonçait d'avance les fêtes qui devaient se célébrer tel dimanche, tel jour du mois, et mettait son bonheur à raconter quelques traits frappants de la vie des saints. Le petit auditoire était émerveillé, et se prenait d'admiration et d'amour pour ces âmes héroïques, aussi bien que pour la religion catholique qui les avait produites.

Quel bonheur, quelle poésie, quelle source de sanctification dans les rites de l'Eglise catholique! Dès lors Pierre Favrel, encore petit enfant, les aimait de tout son cœur, et les accomplissait avec autant de goût que d'intelligence. Dieu le préparait ainsi, dans les modestes sanctuaires de Saint-Maurice et de Corlée, aux sublimes fonctions qu'il devait exercer plus tard sous les voûtes de la cathédrale de Langres, en qualité de grand-maître des cérémonies romaines.

Voilà comment on comprenait les choses saintes dans la famille des Favrel.

Après cela, est-il besoin de dire que les mœurs étaient l'objet de la sollicitude des parents? Ils ne négligeaient aucun moyen de développer dans le cœur de leurs enfants les sentiments de pudeur et de modestie; et ils en prenaient les moyens. Non-seulement ils entretenaient en eux les habitudes de confession et de communion; non-seulement ils leur recommandaient la dévotion à la très-sainte Vierge, mais ils étaient attentifs à écarter de leurs regards et de leurs oreilles tout ce qui aurait pu troubler leur imagination et altérer leur innocence, comme les mauvaises lectures, les liaisons dangereuses, l'immodestie ou même les changements fréquents dans les parures. Ces soins ne furent pas inutiles.

Un jour, une jeune fille de la maison se permit à l'égard d'un de ses frères un badinage inconvenant, dont l'innocente enfant ne voyait pas la gravité. A l'exemple du chaste Joseph, le frère s'irrita et prit la fuite. Les autres frères et sœurs, qui étaient au courant de la plaisanterie, se mirent à rire du sérieux avec lequel leur frère avait pris ce badinage. Pour lui, il ne jugea pas ainsi : « Vous serez tous damnés, leur dit-il, d'un ton grave et irrité. » Cette petite scène enfantine peint mieux que toute parole, les sentiments de foi et de chasteté qui animaient tous ces jeunes cœurs. Aussi les vulgaires jouissances du monde ne les séduisaient pas. Des sept enfants qui composaient cette famille, deux seulement entrèrent dans le mariage, les autres embrassèrent la virginité, et se vouèreut à la gloire de Dieu et au bien du prochain.

Si les vertus privilégiées fleurissent dans la demeure des Favrel, on pense bien que les vertus communes y seront pratiquées à la perfection. La probité était sans cesse recommandée. On y faisait de la justice un point d'honneur. Si l'on cherchait à développer le modeste patrimoine, c'était toujours selon les lois de l'équité la plus rigoureuse. Les parents apprenaient aux enfants que les biens de la terre nous échapperont un jour, et que le cœur ne doit jamais s'y attacher. Excellente leçon qui ne fut pas perdue! Nous verrons M. l'abbé Pierre Favrel, non-seulement suivre les règles de la justice, mais pratiquer le détachement jusqu'à l'héroïsme, au point de mépriser les richesses de la terre, et même de faire le vœu de pauvreté!

Un autre point très recommandé, c'était la vénération pour le prêtre. Ah! le respect pour les ministres de Jésus-Christ! c'est comme la pierre de touche d'une maison chrétienne. Si ce sentiment se retrouve dans toutes les personnes sincèrement vertueuses, il devait être profondément gravé dans le cœur de Colette Bailly. N'était-elle pas la nièce de M. l'abbé Simon Garnier, que sa science et sa sainteté élevèrent à la dignité épiscopale? N'avait-elle pas vu, dans les tristes jours de la grande Révolution, son respectable et courageux père protéger les prêtres persécutés, leur donner l'hospitalité et les cacher dans sa propre demeure! N'était-elle pas la sœur de M. l'abbé Bailly, dont la mémoire est encore en vénération dans les paroisses qu'il administra? Nous devons donc nous attendre à voir régner au sein de cette famille le plus profond respect pour les ministres de Dieu. Et il en était ainsi.

Aux yeux de tous ces enfants, le prêtre était, ce qu'il est en réalité, l'ambassadeur de Dieu sur la terre, l'homme de prière par excellence, le docteur de la loi divine, le protecteur des biens et de l'honneur des familles, le messager de la paix, le soutien de l'indigent, le consolateur de l'affligé, l'ami et le père de tous les fidèles qui lui sont confiés, le grand bienfaiteur de la paroisse, en un mot l'ange de Dieu sur la terre!

Aussi se gardait-on de le critiquer. On le secondait dans la lutte qu'il doit soutenir contre l'enfer et les méchants. On était heureux de le voir, et saintement fier de le recevoir dans son foyer. On prenait ses avis, surtout on suivait ses enseignements et ses remontrances.

Or c'est dans ces maisons, formées par des Monique ou des Blanche de Castille, que Dieu aime à répandre ses bénédictions. C'est là qu'il choisit ordinairement ses âmes d'élite. C'est dans la maison de Pierre Favrel qu'il va prendre deux ministres pour ses autels, et une sœur pour l'éducation des jeunes filles!

Dieu jette d'abord les regards sur l'aîné de la famille et l'appelle au service des autels par des signes à peu près incontestables. La candeur de l'enfant, l'innocence de ses mœurs, son assiduité à lire l'histoire de l'Eglise ou la vie des saints, son goût prononcé pour les cérémonies du culte et pour les chants sacrés, le respect qu'il témoignait aux prêtres, tout semblait annoncer que le Seigneur le destinait au Sacerdoce. Que vont faire les parents?

La plupart résisteraient à cet appel, et ne manqueraient pas de raisons spécieuses. « Nous honorons le sacerdoce, et nous « serions heureux de voir un de nos « enfants entrer dans le sanctuaire. Mais « nous ne pouvons donner celui-là. C'est « l'aîné de notre famille; nous sommes « cultivateurs, nous avons absolument « besoin de lui. Nous regrettons de ne « pouvoir répondre à la voix de Dieu. » Ainsi raisonnent la plupart des parents, même chrétiens.

Pierre Favrel et Colette Bailly ne connaissaient pas ce langage trop humain. Dieu demande notre fils, le voilà. Sans doute il nous en coûte de faire ce sacrifice. C'est l'aîné d'une famille d'humbles cultivateurs qui chaque année va se multipliant. Bien plus, nous n'avons pas les ressources suffisantes pour subvenir aux frais d'une éducation aussi longue et aussi dispendieuse que celle du sacerdoce. N'importe. Dieu parle, nous devons obéir.

Et Colette Bailly va trouver son frère, Pierre Bailly, curé de Saint-Maurice et de Châtenay-Mâcheron, et lui fait connaître les dispositions de son enfant. M. l'abbé Bailly était un saint prêtre. Ses supérieurs ecclésiastiques avaient une si haute idée de son mérite qu'ils ne virent aucun inconvénient à lui confier l'administration de son pays natal, car il était né à Châtenay-Mâcheron; et ils n'eurent qu'à s'en féliciter; la religion s'épanouit et prit un merveilleux développement dans les deux villages sous la direction de ce vertueux pasteur.

Bref, M. l'abbé Bailly écoute les raisons de sa sœur, et juge, comme elle, qu'il ne faut pas résister à la voix de Dieu. Il consent même à prendre chez lui son jeune neveu, et ne néglige rien pour développer les heureux germes déposés en son âme par la main de la Providence et de l'éducation domestique.

Pierre Favrel était encore un enfant; il

n'avait que sept ans environ lorsqu'il vint se fixer à Saint-Maurice. Néanmoins, il sut répondre aux soins de son oncle, et apprit rapidement les éléments de la langue française.

L'étude des sciences profanes ne le détournait pas des pratiques de la religion. Toute proportion gardée, on pouvait dire de lui comme du divin Sauveur : « Il « croissait en sagesse, en âge et en grâce « devant Dieu et devant les hommes. » Malgré son enjouement, disons plus, malgré la pétulance de son caractère, il aimait à se rendre au saint lieu pour offrir ses prières au Seigneur, et accomplir les fonctions sacrées propres à son âge.

Sa confiance en la sainte Vierge était admirable. Il recourait à elle dans tous ses besoins, persuadé que cette bonne mère du ciel entendait toutes ses supplications et ne manquait jamais de les accueillir.

Un jour M. l'abbé Bailly reçut en cadeau une jeune perdrix. Toujours plein d'attention pour les autres, il voulut en faire don à l'un de ses confrères voisins, M. l'abbé Provanchère, curé de Culmont, qui se plaisait à élever des oiseaux. Pierre

Favrel est chargé d'aller offrir ce gracieux présent. Il part donc, le panier à la main. Or, chemin faisant, la fantaisie lui prend de contempler cette charmante créature du bon Dieu. Il ouvre légèrement le panier. Malheur! la jeune perdrix, qui soupirait après sa liberté, s'échappe, et prend joyeusement son essor dans les airs. Imaginez le désappointement du petit commissionnaire. Que faire? Retourner à St-Maurice et confesser humblement son péché de curiosité? C'est s'exposer à une verte remontrance, si ce n'est plus, de la part de la domestique, qui n'était point du tout (il le savait par expérience) un modèle de calme et de douceur. Recourir à quelque supercherie ou à un mensonge pour s'excuser? Cette pensée ne vient pas même à cet esprit candide. La piété, qui est utile à tout, lui suggère un moyen plus facile et plus efficace : « Vierge « sainte, s'écrie-t-il en levant les yeux au « ciel, veuillez me rendre mon oiseau, s'il « vous plaît, et je vous aimerai beaucoup, « et je serai bien sage. » La prière achevée, il se lève avec confiance et aperçoit dans le lointain la perdrix, qui s'est arrêtée, qui le regarde et semble l'attendre. Il s'approche, et l'oiseau, loin de prendre la fuite, paraît tout heureux de se livrer aux mains du joyeux enfant, et de rentrer dans sa prison.

Ce petit trait frappa vivement l'imagination de M. Favrel, car durant toute sa vie il se plaisait à le citer à ses amis qui nous l'ont souvent raconté comme une preuve de sa foi et de sa confiance en la très-sainte Vierge.

Ravi des progrès de son neveu dans la science et dans la vertu, M. l'abbé Bailly crut devoir le présenter à la tonsure. M. Favrel, il est vrai, était bien jeune encore, il n'avait pas plus de quatorze ans; mais les signes de vocation étaient si évidents, que l'oncle n'hésita pas.

A cette époque l'évêché de Langres, supprimé par le concordat de 1801, n'était pas encore restauré; le département de la Haute-Marne relevait du siége épiscopal de Dijon. M. Favrel part donc dans cette dernière ville, subit un court examen de la part de Monseigneur Reymond, et reçoit le surplis et la tonsure.

Le jeune abbé revient à St-Maurice tout rayonnant de joie, et reste encore une année sous la direction de son vertueux parent. Mais quelle année délicieuse pour l'oncle et le neveu ! D'une part, quelle ardeur pour l'étude du latin, surtout quel zèle pour le service de l'autel ! D'autre part, quel bonheur pour le pieux curé, de voir dans son jeune élève tant d'empressement et d'amour pour les choses saintes ! Non, il n'est pas possible de décider qui était le plus heureux, du saint oncle qui était servi par le petit abbé, ou de celui-ci qui servait le vénérable pasteur.

Mais cette jouissance ne pouvait durer toujours. Le temps était arrivé où M. l'abbé Bailly n'était plus en état de continuer les études de son élève, car, depuis quelques années, il avait été chargé d'administrer, outre St-Maurice et Châtenay-Mâcheron, la paroisse de St-Vallier ; labeur excessif qui l'épuisait et allait le conduire au tombeau dès 1812, à la fleur de l'âge. Et puis Pierre Favrel était arrivé à un degré de culture littéraire qui exigeait des soins et des maîtres spéciaux.

CHAPITRE II.

Pensionnat du Petit-Séminaire. Classes du Collége. Grand-Séminaire.

Il entra donc au pensionnat du Petit-Séminaire. Mais, comme tous les séminaristes, il suivait les classes du collége, car le Petit-Séminaire n'aura son enseignement propre qu'en 1824.

On présume sans doute qu'il sera faible dans ses cours, car il est plus jeune que la plupart de ses condisciples, et son oncle qui lui donna les premières leçons, n'avait pu lui consacrer que quelques instants. Ce serait une erreur; il fit de solides études. Et s'il n'eut pas en excellence, du moins il en approchait. Nous en avons une preuve en 1814. Dans cette année désastreuse, les armées ennemies envahirent la ville de Langres; le collége fut transformé en un vaste hôpital destiné aux blessés étrangers;

les élèves furent licenciés, et l'on se contenta de faire la classe à quelques jeunes gens dans une maison du nord de la ville, qui depuis est devenue le couvent des Annonciades. Pendant l'été, le collége put se rouvrir, et les élèves furent invités à reprendre leurs cours. Beaucoup se trouvèvèrent dans l'impossibilité de se rendre à cet appel. Mais M. l'abbé Favrel, qui habitait près de la ville de Langres, vint achever l'année scolaire. Or une liste de distribution de prix, que nous avons eu la bonne fortune de trouver, nous le montre parmi les élèves les plus distingués. Il était dans la 2e année d'humanités, ce qui correspond actuellement à la seconde, or il obtient des récompenses dans les quatre facultés, les seules qui existassent à cette époque : 2me prix de thème, 1er accessit de version latine, 1er accessit de vers latins, et 2me accessit de version grecque. Il est constamment avant M. Chardenet, qui cependant avait eu, l'année précédente, le 4me accessit d'excellence. Et il luttait avec des jeunes gens remarquables : J.-B. Bourotte, de Bar-sur-Aube, Claude Toulouse, de Bassoncourt, Antoine Phulpin, de Ferrières, Auguste

Chauchard, de Langres, Mathieu Massotte, des Loges, et Claude Chardenet, de Cusey.

Ajoutons encore que les classes du collége étaient florissantes à cette époque, aussi bien pour le nombre des élèves que pour la force des études. Le chiffre des étudiants était de quatre cents, année commune. Aussi dès l'année 1812, M. l'abbé Huin, principal du collége, avait-il été autorisé par le Bureau d'administration à partager en deux sections les classes qui renfermaient plus de soixante élèves.

Cette armée d'étudiants, qui égalait en nombre celle des lycées les plus renommés de province, se recrutait, non-seulement au pensionnat du collége, mais encore dans de nombreuses pensions tenues par des personnes de modeste condition qui cherchaient dans ce genre d'industrie un moyen d'améliorer leur position, et surtout au Pétit-Séminaire, qui à lui seul fournissait environ la moitié des sujets aux classes du collége.

Ce grand nombre d'élèves, le zèle des professeurs, l'amour ou plutôt le culte des lettres anciennes universellement répandu à cette époque, l'émulation qui régnait entre séminaristes et collégiens, tout contribuait à stimuler l'ardeur de cette brûlante jeunesse. Il en résulta que les études littéraires s'élevèrent à une grande hauteur. Au témoignage des inspecteurs, le collége de Langres pouvait rivaliser avec bon nombre de lycées, et il comptait certainement parmi les premiers colléges de l'Université. Aussi Napoléon Ier l'érigea-t-il en lycée par un décret du 29 août 1813 signé au quartier général de Dresde; et si ce décret n'eut pas son exécution, il faut en chercher l'unique cause dans les désastres de 1814 et 1815 qui brisèrent le trône impérial.

M. l'abbé Favrel fit donc de bonnes études littéraires. Mais son esprit se portait de préférence vers les sciences sérieuses. Aussi obtint-il encore plus de succès en philosophie. Il gagna le 3me accessit d'excellence; résultat fort honorable, car ce cours était tellement nombreux que l'administration crut devoir accorder cette année-là trois prix et cinq accessits. Et il concourait avec des sujets distingués. Ce n'étaient plus, il est vrai, ses rivaux de

1814 que nous avons cités tout à l'heure, car M. Favrel, sans que nous sachions pourquoi, perdit une année d'étude. Mais ses nouveaux émules de 1817 étaient dignes des anciens, comme le prouve la liste des lauréats de cette année : Chaumont, de Grancey-sur-Ource, Michel Thomas, de Montigny-le-Roi, Paul Hutinet, de Troischamps, Perron, de Langres, Jean-Baptiste Vautrin, de Rançonnières, Pierre Favrel, de Corlée, Louis Lavocat, de Genevrières, et Jean-Baptiste Toussaint, de Morancourt; tous jeunes gens de talent, dont plusieurs fournirent une brillante carrière.

Outre les sciences cultivées à cette époque dans les établissements scolaires, M. Favrel étudia la botanique, et rédigea sur cette intéressante matière quelques petits traités que nous possédons encore. Dans ses promenades, il n'avait pas de plus grand plaisir que de faire une ample moisson de plantes et de fleurs qu'il aimait à classer; occupation délicieuse qui lui procurait, avec le délassement et la satisfaction de l'esprit, l'occasion d'élever son âme vers l'Auteur de ces ineffables merveilles.

L'ardeur de M. Favrel pour les lettres et les sciences ne le détournait pas des pratiques de piété, surtout de la confession et de la sainte communion. Il sentait même le besoin de les multiplier, non-seulement pour entretenir en lui le feu sacré de la vocation sacerdotale, mais encore, faut-il le dire? pour réagir contre les idées de quelques nouveaux professeurs du collége.

Après la grande révolution, l'instruction publique, frappée par le décret de la Convention du 20 mars 1794, était presque entièrement tombée, à Langres comme dans toutes les villes de France. Mais, grâce au zèle de M. l'abbé Henryot qui dirigea le collége jusqu'en 1807, elle commença à se relever; puis sous la direction de M. l'abbé Huin, qui fut principal de 1807 à 1824, elle prit un essor magnifique.

Malheureusement l'esprit chrétien qui jusqu'alors avait animé cet enseignement, commença à diminuer vers l'an 1813. L'école normale supérieure, fondée en 1810 par Napoléon Ier, y envoya pendant six à sept ans plusieurs professeurs pour les hautes classes de littérature, entr'autres MM. Guyet de Fernex, Trognon, qui devait plus tard suppléer M. Guizot dans la chaire d'histoire de la Sorbonne et devenir précepteur du prince de Joinville, Jarry de Mancy, Alexandre, le grand helléniste, Ducazau et Bourgon, tous jeunes gens instruits, dont plusieurs même, comme Alexandre et Trognon, parvinrent à la célébrité. Or quelques-uns de ces normaliens, oubliant la belle maxime des anciens : *Respect à l'enfant!* se permettaient fréquemment des sorties contre la foi et les mœurs ; licence toujours condamnable en présence d'une jeunesse que l'on doit former à la vertu, mais souverainement déplacée en face de séminaristes qui se destinaient à propager et à glorifier un jour cette religion que l'on insultait impudemment. L'esprit général du collége fut atteint par ces traits empoisonnés.

Mais hâtons-nous de dire que M. l'abbé Favrel sut entièrement s'en préserver; bien plus, il s'indignait de ces impertinences, et soupirait après le moment où il pourrait les réfuter victorieusement. Voilà pourquoi il se livra aux études théologiques avec une ardeur extrême.

Il eut le bonheur de les commencer à Langres même. C'était en 1817, année de bénédiction pour notre département, puisqu'elle vit enfin le rétablissement si désiré du Grand-Séminaire. Jusque-là, les élèves qui aspiraient au sacerdoce étaient obligés d'aller s'y préparer pendant trois années au Grand-Séminaire de Dijon; nécessité fâcheuse, qui avait pour résultat d'augmenter sensiblement les frais d'éducation, et même d'écarter du sanctuaire les jeunes gens dont la vocation n'était pas encore complétement arrêtée. Enfin grâce aux dons de la charité publique, et surtout aux largesses du cardinal de la Luzerne qui espérait toujours rentrer dans son diocèse, le Grand-Séminaire de Langres s'ouvrit à la fin de 1817. Il s'installa d'abord dans l'ancienne maison syndicale, qui occupait alors une partie de l'emplacement du Grand-Séminaire actuel et qui depuis a disparu. M. l'abbé Barrillot, ancien professeur de philosophie à Dijon, et pendant quatre ans curé de Cohons, en fut nommé supérieur.

Nous n'avons pas besoin de dire que les débuts furent modestes. L'enseignement théologique était loin d'avoir l'étendue et la profondeur qu'il a prises dans la suite. Il se composait seulement du dogme, de la morale, avec quelques leçons d'Ecriture sainte et de chant ecclésiastique. Le dogme était professé par M. l'abbé Poinsel; la morale par M. Barrillot durant la première année, ensuite par M. l'abbé François Caumont; l'Ecriture sainte par ces mêmes professeurs; le chant par les élèves les plus forts en cette matière. Quant aux cours d'histoire, de liturgie, d'archéologie et de droit-canon, ils ne furent introduits que beaucoup plus tard.

Si l'enseignement du Grand-Séminaire manquait alors d'étendue, du moins les matières étaient sérieusement étudiées. Or M. Favrel comptait parmi les sujets les plus distingués. Nous en avons une preuve péremptoire. On donnait alors des prix de théologie. A la fin de la première année, le 4 août 1818, il obtint le 3me prix de théologie; c'étaient les *Instructions sur le Rituel de Langres*, par Mgr de la Luzerne.

Dans la seconde année de théologie, M. Favrel eut à peu près le même succès. Il était quatrième *ex-æquo* avec M. Chardenet; résultat d'autant plus frappant que sa santé fut altérée cette année-là par un excès d'application, et qu'il luttait avec une quarantaine d'élèves, tous graves et studieux et dont un bon nombre étaient vraiment remarquables. Qu'il nous soit permis de citer, dans l'ordre alphabétique, quelques-uns de ces nobles rivaux : MM. Bavoillot, mort vicaire-général, Chardenèt, mort chanoine titulaire, Durand, mort curé-doyen de Wassy, François Hutinet, ami intime de M. Favrel et que nous retrouverons au cours de cette biographie, Jacquinot, mort curé-doyen de Doulevant, Nicolas Jolly, mort supérieur du Petit-Séminaire, Massotte, qui avait obtenu le premier prix de philosophie en 1816, Thomas, aujourd'hui chanoine titulaire, Toussaint, mort curé de Curel, et Vautrin, mort chanoine titulaire de la cathédrale.

La troisième année de théologie ne fut pas aussi remplie que l'aurait voulu M. Favrel. Au mois de mars, il fut envoyé au collége de Langres en qualité de maître d'étude. Cette fonction ne convenait pas à sa nature. Deux mois après, le 22 mai 1820, il prie M. le principal de lui donner un successeur, et le même jour il rentre au Grand-Séminaire pour achever la théologie et rédiger les diaconales.

Voilà pour les études. Le cœur marchait-il à l'unisson de l'esprit? Nous n'en pouvons douter. Le jugement porté sur lui par ses supérieurs était des plus favorables. A la fin de la première année de théologie, M. Barrillot disait de lui : « Il a « tenu une conduite très régulière, et « montré un caractère très égal, très « enjoué, et parfois un peu dissipé. » Après la seconde année, son appréciation ne laisse plus rien à désirer : « C'est, écrivait-il, un « sujet précieux sous tous les rapports. » Cet éminent supérieur avait une telle confiance en lui qu'il le nomma réglementaire du Séminaire, et maître de chant pour la 2me classe.

On pense bien que les supérieurs n'hésitèrent pas à l'appeler aux saints ordres. Il reçut le sous-diaconat des mains de Monseigneur Reymond, le 18 septembre 1819, et le diaconat de Mgr Dubois, le 23 septembre 1820, à l'église Saint-Mammès, qui, hélas! n'était pas encore redevenue cathédrale de Langres.

M. Favrel a fini ses études théologiques, mais il n'a pas encore l'âge requis pour la prêtrise? Que vont faire ses supérieurs? Quel emploi vont-ils lui assigner? La Providence y pourvoit.

CHAPITRE III.

M. Favrel, missionnaire diocésain. Prêtrise.

Le nouvel évêque de Dijon, Mgr Dubois, désirait vivement fonder dans la Haute-Marne une maison de prêtres auxiliaires qui auraient pour mission, soit de porter secours aux nombreuses paroisses alors vacantes, soit de remplacer provisoirement les curés malades ou trop âgés, soit de réveiller la foi des populations par le moyen des missions ou des retraites. Ce projet commençait à recevoir son exécution. M. Sebile, missionnaire du diocèse de Besançon, avait accepté la présidence du nouvel établissement; seulement il ne devait se rendre à son poste qu'après avoir évangélisé les paroisses envers lesquelles il avait pris des engagements. M. Janny, curé de Savigny, et M. Rigollot, curé de Bannes, avaient également consenti à en faire partie, et avaient même déjà quitté leurs paroisses. L'autorité ecclésiastique crut devoir leur associer M. l'abbé Favrel.

Il est vrai qu'il n'était encore que diacre, mais on espérait lui conférer le sacerdoce au commencement de 1821. Il avait d'ailleurs toutes les qualités d'un vrai missionnaire : science théologique, facilité d'élocution, mémoire fidèle, caractère enjoué, voix souple et retentissante, surtout piété profonde, et zèle ardent pour le salut des âmes. Quant à ses talents oratoires, on n'avait pas encore pu les constater parfaitement. Mais les épreuves qu'il avait subies au Grand-Séminaire avaient donné des résultats très satisfaisants. Son discours des vacances 1818 avait été « très « bien composé, et très bien débité pour le « geste, le ton, et parfois pour le feu de la « déclamation. » Celui des vacances 1819, il est vrai, n'avait pas été si remarquable. Très bon pour le fond, il avait été débité avec trop de gestes et de précipitation, et même avec affectation. Mais ces imperfections, qui sont l'apanage ordinaire de la jeunesse, ne pouvaient manquer d'être promptement corrigées par l'expérience, l'âge et les avis des supérieurs.

M. Favrel entre donc dans la société naissante des *prêtres auxiliaires* et en subit les phases diverses que nous avons décrites dans l'histoire des missionnaires de St-Geosmes. Enfin au mois de février 1821, il ouvre cette carrière apostolique qui ne se terminera qu'à la révolution de juillet 1830. De concert avec ses pieux et intrépides compagnons, il évangélise successivement :

En 1821, Bussières-les-Belmont, Genevrières, Saint-Geosmes, le Petit-Séminaire, les sœurs de la Providence, et la ville de Chaumont pour le Grand-Pardon.

En 1821-1822, Coublanc, Heuilley-le-Grand et Is-en-Bassigny.

En 1822-1823, Chalindrey, Prauthoy, Hortes et Varennes.

En 1823-1824, Dampierre, Laferté-sur-Amance, Coiffy-le-Haut et Rolampont.

En 1824-1825, Marcilly, Vicq, Vouécourt et Braux.

En 1825-1826, Coiffy-le-Bas, Andelot, Joinville et Colombey-les-deux-Eglises.

M. Favrel désirait commencer le grand jubilé de 1825 qui devait avoir lieu en beaucoup de villages de notre département pendant l'hiver de 1826-1827. Dieu en disposa autrement.

CHAPITRE V.

M. Favrel à l'Evêché de Vannes.

Depuis la mission de Coiffy-le-Haut, ce zélé missionnaire avait éprouvé de vives douleurs, au point que les supérieurs avaient la pensée de le retirer du ministère apostolique. En même temps, son grand-oncle, M. l'abbé Simon Garnier, pieux et docte prêtre qui avait été successivement secrétaire intime de Mgr de la Luzerne avant la révolution, compagnon d'exil de ce grand Prélat, trappiste en Allemagne, vicaire-général de Mgr Mannai à Trèves et à Rennes, est nommé évêque de Vannes en 1826. Sachant qu'il a dans sa famille un jenne prêtre aussi vertueux que distingué, persuadé d'ailleurs que la santé de cet excellent missionnaire ne lui permet pas de continuer le laborieux ministère de l'apostolat, il prie Mgr d'Orcet de vouloir bien le lui céder, en même temps qu'il écrit à M. l'abbé Favrel lui-même de venir le seconder dans les difficiles fonctions de l'épiscopat. Mgr d'Orcet accède à ses instances, mais avec regret, purement par déférence pour Mgr Garnier; aussi n'accorde-t-il pas d'*exeat* à M. Favrel.

Au reste, M. Favrel lui-même éprouve les mêmes hésitations que son évêque. Il réfléchit, il consulte, et surtout invoque les lumières du Saint-Esprit. La divine Providence, qui le destinait à jouer plus tard un rôle important dans l'administration diocésaine, et qui voulait le préparer à cette haute mission, lui inspire de répondre affirmativement; et il part pour la Bretagne.

A peine M. Favrel est-il arrivé, que Mgr Garnier comprend l'heureuse acquisition qu'il vient de faire. Il le choisit aussitôt pour son secrétaire intime. Quelques jours après, voulant l'attacher indissolublement à son nouveau poste, il le présente au gouvernement pour le premier canonicat titulaire qui viendrait à vaquer dans la cathédrale de Vannes; présentation qui fut agréée par ordonnance de Charles X le

22 novembre 1826. Enfin il le nomme secrétaire de l'évêché par lettre du 22 avril 1827.

M. Favrel ne devait pas jouir longtemps de ces honneurs et de ces charges ; car Mgr Garnier mourut le 8 mai 1827 à l'âge de 62 ans. Il n'avait pas encore six mois d'épiscopat !

Le séjour de M. Favrel à l'évêché de Vannes fut donc très court, mais nous n'avons pas besoin de dire qu'il fut laborieux. L'évêque et le secrétaire entraient dans un diocèse considérable, dont ils ne connaissaient pas les mœurs, et qu'il fallait réorganiser en partie. Pour comble de malheur, le Prélat, à peine installé, ressent les premières atteintes d'une maladie grave qui doit rapidement l'emporter, en sorte que M. Favrel est obligé de se multiplier et de s'épuiser pour faire face aux besoins de cette immense administration, pour prodiguer ses soins à l'auguste malade et l'aider à couronner une sainte vie par une sainte mort. Monseigneur Garnier n'est plus. Quel parti va prendre M. Favrel? Sans doute il va se fixer à Vannes, car sa position y est brillante. Il est secrétaire de l'évêché, et d'ailleurs la première chanoinie vacante lui est assurée par ordonnance royale. D'autre part, il possède l'estime du clergé; et ses relations avec les plus nobles familles du Morbihan sont excellentes. Sans aucun doute il va garder cette haute et tranquille position.

Nullement, car d'autres voix se font entendre et lui crient : « Renoncez aux honneurs qui vous entourent. Revenez ici, nous vous offrons un avenir meilleur et plus digne de vous, un labeur incessant au milieu d'une vie pauvre et obscure. »

Ah! il faut lire les deux lettres suivantes pour bien comprendre l'abnégation chrétienne en même temps que la soif du salut des âmes. Elles font autant d'honneur aux supérieurs qui les envoient, qu'au prêtre qui était jugé digne de les recevoir. La première est de Mgr d'Orcet, évêque de Langres, en date du 31 mai 1827, c'est-à-dire trois semaines après la mort de Mgr Garnier :

« Si le Seigneur exauçait mes vœux,
« Monsieur et très cher ami, lui écrivait le
« pieux prélat, je vous verrais sous peu ici.
« Quoique je n'aie mis aucune opposition

« à votre sortie du diocèse de Langres, « mon regret n'était pas moins grand. Je « jugeais l'opposition inutile et inconve- « nante; voilà pourquoi je n'en ai pas fait. « Mais maintenant que j'ai l'espérance de « vous posséder dans mon diocèse, je puis « me livrer à tous les transports de la joie.

« Ne faites pas, je vous prie, changer « cette joie en tristesse par un refus. Il est « beau et digne de vous de sacrifier des « prétentions bien légitimes et bien fondées « sans doute à des places relevées dans « l'Eglise, pour venir consacrer vos talents « au bien spirituel de vos compatriotes, et « condescendre aux désirs de vos amis.

Ensuite le Prélat lui parle directement des missions diocésaines, bannit de son esprit les inquiétudes qu'une lettre de M. Janny lui avait inspirées, et l'assure au contraire que la maison de St-Geosmes va prendre de nouveaux développements. Il le conjure donc de venir, et d'amener avec lui un prêtre breton dont il avait été question dans des lettres précédentes.

« M. Janny, lui dit-il, n'a pas été long- « temps à en revenir. La manière dont je

« me suis prononcé, a remonté son cou-
« rage. Il est décidé que le nombre de
« MM. les missionnaires va être augmenté.
« Je vais écrire à M. Lamy et à M. Manois
« que j'accepte l'offre qu'ils me font de faire
« partie de ce corps vénérable. Combien
« leur ardeur deviendra plus grande quand
« ils sauront l'espérance que nous avons
« de vous voir reprendre les travaux apos-
« toliques! Avec quelle confiance ils entre-
« ront dans cette carrière où ils trouveront
« de grandes ressources dans votre science
« et votre expérience!

« Continuez, je vous prie, à travailler
« pour faire la conquête intéressante du
« jeune prêtre dont vous m'avez parlé. Je
« regarderais comme une grâce du ciel
« de le voir entrer dans nos missions. Je
« regarde comme une grande recom-
« mandation d'avoir étudié chez les jésui-
« tes, d'avoir fait son séminaire chez
« MM. de Saint-Sulpice, auxquels je suis
« sincèrement attaché, et d'être apprécié
« par vous. Les belles qualités que pos-
« sède ce respectacle ecclésiastique sont
« faites pour exciter tous mes désirs.

« En attendant que je puisse vous em-

« brasser, je vous prie de recevoir l'assu-
« rance de mon respectueux attachement.

† G. P., Evêque de Langres.

Cette lettre, qui respire une si grande estime pour M. Favrel et un si vif intérêt pour l'établissement de Saint-Geosmes, obtint sans doute un triomphe complet, car une autre lettre, écrite un mois après par M. Barrillot, et non moins flatteuse, nous montre M. Favrel prêt à sacrifier tous les avantages de sa position pour reprendre la carrière de l'apostolat :

Langres, le 28 juin 1827.

« Avec quelle joie, mon bien cher, j'ai « lu votre lettre; et combien cette joie a été « partagée par nous tous, et surtout par « notre saint Prélat! Votre détermination « ne manque pas d'étonner plusieurs per- « sonnes. Pour moi, je vous avoue fran- « chement que je n'ai jamais cessé de m'y « attendre. L'argument de notre saint « évêque, ne laisse pas d'être très fort; il « me charge de vous le répéter; il n'avait « fait que vous céder aux instances de « votre vénérable parent, feu Mgr Garnier,

« sans vous donner un *exeat.* A la vérité
« vrus avez votre brevet pour un cano-
« nicat ; mais, outre que j'ai toujours été
« persuadé que la graisse de la terre ne
« vous tenterait jamais, je dois vous dire
« que le Prélat a toujours pensé que,
« l'Eglise ne vous ayant point encore mis
« en possession de ce bénéfice, vous êtes
« tout entier au diocèse de Langres.

« Revenez donc, mon très cher, le plus
« tôt possible, malgré toutes les instances
« qu'on vous fait, et qu'on doit vous faire
« (ou bien on ne vous rendrait pas justice);
« il suffit de vous voir pour vous connaître
« et aimer; malheureusement il n'y a que
« vous qui ne vous connaissez et aimez
« pas. »

Barrillot, vic. gén., sup. des sém.

CHAPITRE V.

M. Favrel quitte Vannes et reprend l'œuvre des missions diocésaines. 1830. M. Favrel se met à la disposition de Mgr d'Orcet. Il est nommé curé-doyen de Juzennecourt. Conférences ecclésiastiques.

C'en est fait, la grâce de Dieu a triomphé. M. Favrel rentre dans sa chère maison de Saint-Geosmes, et ressent une joie indicible en revoyant cet établissement, sur l'avenir duquel M. Janny lui avait communiqué des craintes sérieuses, plus florissant que jamais. Il y trouve trois confrères nouveaux; et quels confrères! C'est M. Nicolas Simonot, qui l'a remplacé au moment de son départ pour la Bretagne; c'est M. Lamy, qui vient de quitter sa paroisse de Meures; c'est M. Manois, qui s'est arraché à l'affection de ses paroissiens de Chalvraines! Surtout avec quels transports d'allégresse il serre sur son cœur ses anciens compagnons d'apostolat, Messieurs Janny, Prudent et Thomas, qui tous sont bravement restés à leur poste!

Mais si son bonheur est grand, celui de ses frères d'armes ne l'est pas moins. Avec quel saint enthousiasme ils saluent le retour de ce vaillant athlète, qu'ils aimaient déjà comme un frère, et qui leur revient plus cher encore, à raison des sacrifices qu'il venait d'accomplir pour se réunir à eux! Aussi tous lui vouèrent-ils un attachement qui ne se démentit jamais.

Encouragé par tous ces témoignages d'affection, M. Favrel se remet à l'œuvre avec une nouvelle ardeur, et, conjointement avec quelques-uns de ses collègues, il évangélise :

En 1827-1828, Prangey et Chamouilley, avec MM. Prudent et Simonot; Voisey, avec MM. Thomas, Manois et Lamy; Bonnecourt, avec MM. Prudent et Simonot; et Parnot, avec M. Prudent.

En 1828-1829, Saint-Thiébaut, Dancevoir, Doulaincourt, Villiers-en-Lieu et Bay. Les quatre premières paroisses furent évangélisées avec MM. Manois et Lamy; la cinquième avec M. Manois seulement.

En 1829-1830, Morancourt, Soncourt et Bouzancourt, avec M. Thomas.

La révolution de 1830 brise l'établissement de Saint-Geosmes, mais n'arrête pas le zèle de M. Favrel. Il se met à la disposition de l'autorité diocésaine. Sans poste fixe, il vole partout où on l'envoie, et on l'envoie partout où surgissent des difficultés. Il serait difficile de dire tous les services qu'il rendit ainsi, pendant quatre années entières, à l'administration ecclésiastique :

A Roches-sur-Rognon et à Bettaincourt, M. l'abbé Marche avait embrassé le schisme ridicule de l'abbé Châtel. M. Favrel s'y rend pendant l'hiver de 1830-1831, et contribue à faire placer dans cette paroisse un excellent prêtre, M. Pierre Leblanc, auparavant curé de Morancourt.

Biesles, Vicq et Arbigny-sous-Varennes le voient tour à tour, et admirent sa piété, son intelligence et son dévouement.

A Juzennecourt, M. Laurent, curé-doyen, est très souffrant. Aussitôt Monseigneur d'Orcet y envoie M. Favrel par une petite lettre fort gracieuse : « Monsieur, « persuadé de votre dévouement au salut

« des âmes, et voulant mettre à profit le « zèle qui vous porte à voler au secours « des plus délaissés, il me suffira de vous « faire connaître que la paroisse de Juzen- « necourt est peut-être celle où sont les « plus grands besoins, à cause de la « maladie grave de son pasteur. Je vous « prie en conséquence de vous y trans- « porter... »

Cette lettre était écrite le 3 mai 1832. Quelques jours après, M. Favrel est à Juzennecourt. Mais cette fois il y restera plus longtemps que dans les postes précédents. M. Laurent meurt, et MM. les vicaires capitulaires déterminent M. Favrel à accepter, au moins provisoirement, le titre de curé de canton, nomination qui est agréée le 23 septembre 1832 par le gouvernement de Louis-Philippe. Quelques jours après, le 23 septembre de la même année, l'autorité diocésaine le charge encore d'administrer la paroisse de Blézy.

Certes, il semble que le champ est assez vaste pour épuiser les ressources de son zèle. Il n'en est rien. La piété n'est pas florissante en ces paroisses, et ne suffit pas pour alimenter l'ardeur de ses 35 ans. Il crée alors, pendant l'été, un genre d'occupation aussi utile pour lui que pour ses confrères du canton. Il organise des conférences ecclésiastiques, dont il est le rédacteur en chef, et qu'il soumet à l'autorité diocésaine.

On pense bien que ces travaux théologiques ne le détournaient pas de ses fonctions pastorales. Il les accomplit au contraire avec un zèle admirable jusqu'au mois de décembre 1833, où Mgr Mathieu consentit enfin à recevoir la démission qu'il offrait depuis longtemps.

M. Favrel est libre. Il se remet encore entre les mains de Sa Grandeur, et vole sur tous les points où des besoins spirituels lui sont signalés. L'été de 1834 lui donnait quelques semaines de repos. Il se rend à Saint-Geosmes chez son excellent ami M. Janny, et là reprend, de concert avec plusieurs de ses confrères voisins, ses conférences ecclésiastiques, qui lui valent les lettres les plus élogieuses de Monseigneur Mathieu.

L'hiver de 1834-1835 le rappelle à sa vie nomade. Le 6 novembre, il écrivait à sa sœur Catherine, alors religieuse chez les

Fidèles compagnes de Jésus : « Votre lettre « m'a trouvé ici (à Joinville) où je dois « encore rester 5 à 6 semaines. Vous voyez « que je suis toujours à courir le pays, et « que sous ce rapport j'ai peu changé. » De Joinville il se rend à Rolampont, comme l'indique une lettre du 19 janvier 1835 à la même religieuse : « Je fais toujours à peu « près ce que vous m'avez vu faire. Je « vais, je viens, et en résumé je suis un « ouvrier assez inutile de la vigne du Sei- « gneur. Priez-le qu'il veuille bien la faire « fructifier et que son saint nom soit glo- « rifié. »

Enfin, Mgr Parisis devient évêque de Langres, et fixe à jamais l'avenir de M. Favrel.

Mais avant de suivre M. Favrel à l'évêché de Langres, nous devons raconter un épisode qui nous révélera, mieux que toute parole, les vertus de cet excellent prêtre.

CHAPITRE VI.

Madame d'Houet. Fondation des prêtres du Sacré-Cœur. Vœux solennels.

Vers le 1er mai 1829 arrivait à Langres une femme extraordinaire, d'une sainteté si éminente qu'elle recevra bientôt, nous l'espérons, les honneurs de la canonisation ; nous avons nommé la vicomtesse de Bonnault d'Houët, plus connue sous le simple nom de *Madame d'Houët.* Veuve à l'âge de 24 ans, mère d'un petit enfant, cette noble dame, l'honneur du Berry, mena d'abord la vie ordinaire d'une femme chrétienne. Mais Dieu qui avait sur elle des desseins particuliers, lui inspira l'idée de travailler à la régénération des jeunes filles par une éducation profondément religieuse. Après de nombreux appels de la grâce, elle suivit la voix de Dieu, et fonda une société bien connue sous le nom de *Fidèles com-*

pagnes de Jésus. Elle avait déjà créé quatre établissements d'instruction dans différentes villes, à Amiens, à Châteauroux, à Nantes, et à Sainte-Anne-d'Auray (diocèse de Vannes). La chapelle de cette dernière maison avait été consacrée par Mgr Garnier au mois de janvier 1827, c'est-à-dire à l'époque où M. Favrel résidait à l'évêché de Vannes.

Comment Madame d'Houët vint-elle au diocèse de Langres? Y fut-elle amenée, comme plusieurs le pensent, par la seule inspiration de son zèle? Y fut-elle appelée, comme d'autres le croient, par M. l'abbé Favrel, qui l'avait personnellement connue et appréciée pendant son rapide séjour dans le Morbihan? Cette question, restée à l'état de mystère jusqu'à présent, est aujourd'hui parfaitement claire pour nous, grâce aux renseignements que vient de nous communiquer le R. P. Apollinaire, de l'ordre des Capucins. Madame d'Houët a été réellement appelée dans notre diocèse, et l'honneur de cet acte revient à M. l'abbé Favrel et à M. l'abbé Paul-François Hutinet, alors vicaire de Bussières-les-Belmont. A son retour de Vannes,

M. Favrel, ravi de ce qu'il avait vu et entendu sur Madame d'Houët et sur son œuvre, en parlait avec admiration à son ami M. l'abbé Hutinet. Celui-ci, dont chacun sait l'ardeur et l'esprit d'initiative, eut le désir de créer une de ces maisons à Bussières même. Deux fois il écrivit à la pieuse fondatrice; c'était le 2 juin et le 20 août 1828. Pour la déterminer plus efficacement, il lui promettait d'abord une maison offerte par Mademoiselle Pelletier et assez spacieuse pour former un petit pensionnat, ensuite « de bonnes vocations » qui lui seraient fournies par lui-même et par d'autres prêtres pour ses établissements religieux, enfin des humiliations et des croix. Mais en retour il lui demandait une digne supérieure pour le futur pensionnat de Bussières. Cette correspondance est trop édifiante pour que nous n'en reproduisions pas quelques lignes :

« Si vous avez avec vous, lui écrivait-il « dans sa seconde lettre, — et sans doute « cela est, — quelque amante de la folie de « la croix, que vous jugiez propre à être « Supérieure, et des compagnes qui vou- « lussent la suivre ou plutôt que vous vou-

« lussiez envoyer avec elle, ne pourrais-je « pas les prier, au nom même de cette « sainte folie, de se livrer à une entreprise « où leur pis-aller sera d'avoir à souf- « frir? »

Madame d'Houët répondit quelques mots d'une sublime simplicité qui mériteraient d'être gravés en lettres d'or.

« Nous n'avons qu'un seul désir, celui « de faire la volonté de Dieu; et le pays le « plus fertile en humiliations et en croix « de toute espèce nous paraîtrait préférable, « si celui qui me tient la place de Dieu « (Mgr de Chabons, évêque d'Amiens) « jugeait que c'est là où il nous désire. »

Mgr de Chabons et Madame d'Houët étaient bien hésitants. Enfin ils se laissèrent décider par l'espoir des vocations religieuses annoncées par M. l'abbé Hutinet.

La vénérable fondatrice, qui était alors très-souffrante, ne put se rendre au diocèse de Langres que l'année suivante. Elle y arriva vers la fin d'avril 1829, y reçut bon accueil de M. Favrel et alla prendre possession de la maison de Bussières que lui avait donnée Mademoiselle Pelletier. Mais, avec sa merveilleuse sagacité, elle comprit bien vite que tout établissement d'éducation était impossible dans ce bourg. La maison Pelletier était insuffisante, et d'ailleurs l'instruction était parfaitement donnée par les sœurs de la Providence.

Déçue dans son espérance de ce côté, elle se tourne vers Langres. Avec l'aide et les conseils de M. Favrel, elle loue la maison de M. de Simonny, rue du Marché au Blé, aujourd'hui rue Pierre Durand, et voit arriver bon nombre de postulantes qui désirent faire partie de la société des *Fidèles compagnes de Jésus*. Avant de les recevoir, elle leur fait donner une retraite, par les soins de M. Favrel et de cet excellent M. Prudent qui, hélas! devait mourir quelques semaines après. La retraite finie, Madame d'Houët élimine plusieurs postulantes qui ne lui paraissaient pas avoir de vocation, envoie la plupart des autres dans les divers établissements que nous avons indiqués plus haut, et n'en garde que quelques-unes pour celui de Langres. C'était dans la dernière quinzaine de mai 1829.

Ainsi naquit à Langres le couvent des *Fidèles compagnes de Jésus*. Il est beaucoup plus connu sous le nom de *couvent des Planches,* parce que la pieuse fondatrice avait cru devoir garnir de planches le barrelage de cette maison, tout à la fois pour lui donner un aspect plus austère et pour mieux protéger le recueillement contre les bruits du dehors. Plus tard, elle crut devoir quitter ce logement, et installa sa communauté dans un lieu plus solitaire, près de la place St-Fergeux.

Madame d'Houët ne songea pas à fonder de pensionnat pour les jeunes filles, parce que l'instruction était procurée à toutes les classes de la société par des maisons religieuses aussi dévouées que nombreuses.

Dieu lui inspira de créer deux autres œuvres qui produisirent de solides fruits de salut : d'abord la société des *Prêtres du Sacré-Cœur*, dont M. Favrel devint le supérieur, puis les *Retraites pour les filles et les femmes.* Disons un mot de ces deux belles institutions.

La première est entièrement l'œuvre de Madame d'Houët. Peu après son arrivée à Langres, la pieuse dame raconte à MM. Favrel et Hutinet comment le Saint-Esprit lui a jadis suggéré cette idée et comment

Mgr de Chabons l'encourage à réaliser son projet. Elle leur en montre la nature et les avantages. La nouvelle société, leur dit-elle, aurait une grande affinité avec la Compagnie de Jésus. Elle se dévouerait au ministère apostolique, et en même temps s'occuperait d'une façon toute particulière des petits garçons jusqu'à l'âge où ceux-ci peuvent être admis dans les colléges des Jésuites, car saint Ignace désire que ses religieux ne reçoivent pas les enfants qui sont encore d'un âge trop tendre.

Quant aux règles, ce seraient celles de la *Compagnie de Jésus.*

MM. Favrel et Hutinet sont fascinés par le génie et la sainteté de cette femme, et embrassent ses vues. Ils étudient les règles des Jésuites. M. Favrel surtout s'en occupe avec la plus vive ardeur. On conserve encore, chez les *Fidèles compagnes de Jésus,* un cahier assez considérable écrit tout entier de sa main. Il y réduit en un ordre qui lui est spécial un certain nombre de prescriptions de l'Institut des Jésuites, et il cite l'autorité de Madame d'Houët pour l'interprétation de plusieurs de ces règles. Cependant, sur l'avis motivé de cette sainte femme, il change un point très-important. Dans la *Compagnie de Jésus,* la plupart des exercices religieux et des autres actions s'accomplissent en particulier. M. Favrel disposa qu'ils se feraient en commun.

Ce projet de société est présenté à Monseigneur d'Orcet, qui l'examine en Conseil et l'approuve. Dès le 28 juillet, Madame d'Houët annonce cette bonne nouvelle à M. Hutinet qui en exprime toute sa joie.

Quelques semaines après, MM. Favrel et Hutinet prononcent les trois grands vœux de pauvreté, de chasteté et d'obéissance perpétuelle; c'était le 24 août 1829. En voici la formule, telle que M. Favrel l'a laissée dans son testament :

« Dieu tout-puissant et éternel, je Pierre « Favrel, quoique très-indigne en tout sens « de votre divine présence, me fiant néan- « moins sur votre bonté et sur votre misé- « ricorde infinie, et à ce poussé par le « désir de vous servir, promets devant la « très-sainte Vierge Marie et toute votre « cour céleste, à votre Majesté divine, une « pauvreté, une chasteté et une obéissance « perpétuelles dans la nouvelle société que « nous formons pour votre plus grande

« gloire, et je promets encore de passer « toute ma vie dans cette société, confor« mément aux règles et constitutions de la « société de Jésus. Je demande donc hum« blement de votre bonté et de votre clé« mence infinie, par le sang de Jésus« Christ, que vous daigniez accepter cet « holocauste, et que comme vous m'avez « donné une grâce abondante pour désirer « de vous offrir ce vœu et pour le faire, « vous m'en donniez une pareille pour le « remplir.

« A Langres dans la chapelle des reli« gieuses de la société des *Fidèles com« pagnes de Jésus*, le 24 août 1829.

« P. FAVREL. »

Ces exemples entraînent trois autres jeunes prêtres ; d'abord M. l'abbé Richardot, curé de Perrancey, que nous voyons dans la société à peu près en même temps que MM. Favrel et Hutinet; puis M. l'abbé Joseph Hannipaux, missionnaire de Saint-Geôsmes, qui s'adjoint à eux le 22 avril 1830; enfin M. l'abbé François-Benjamin Compagnot, le 8 mai de la même année.

M. Favrel était supérieur de la communauté.

Ces cinq prêtres vivaient dans l'ancienne maison syndicale que Madame d'Houët leur avait achetée de ses deniers et où le mobilier seul leur appartenait. Ils suivaient la règle dont nous avons parlé plus haut. Comme ils n'avaient pas encore d'élèves, leur occupation consistait à prêcher dans les lieux où ils étaient appelés, et à présider les retraites des femmes dont nous parlerons plus loin; puis ils revenaient puiser de nouvelles forces dans les exercices de la vie intérieure.

La révolution de 1830, qni était hostile à la religion et particulièrement aux maisons de missionnaires, les effraya. Ils se séparèrent, mais sans rompre les liens sacrés qui les unissaient. M. Favrel en particulier resta profondément attaché à la société. Il fit même plusieurs voyages à l'étranger pour chercher les moyens d'y fonder un établissement qui servirait de refuge en cas de révolution. Ses efforts furent infructueux.

Rentré dans son diocèse, il se mit entièrement à la disposition de ses supérieurs ecclésiastiques, et par son intelligence et son zèle leur rendit de précieux services à Roches-sur-Marne, à Vicq, à Arbigny-sous-Varennes, à Biesles et surtout à Juzennecourt, comme nous l'avons exposé plus haut.

Ces courses évangéliques ne l'empêchaient pas de s'occuper activement de la société des *Fidèles compagnes de Jésus*. Sa correspondance nous le montre en relations fréquentes avec Madame d'Houët, traitant les intérêts spirituels et matériels de la communauté, lui présentant des postulantes, prêchant les retraites pour les femmes et les filles. Mais cette dernière œuvre est trop importante, et M. Favrel y eut trop de part pour que nous ne l'examinions pas avec quelque attention.

De toutes les institutions fondées à Langres par Madame d'Houët, aucune n'eut un plus beau succès que l'*Œuvre des retraites pour les femmes et les filles*.

Elle fut créée dès 1829, car nous la voyons fonctionner au commencement de décembre de cette année-là, en présence de Mme d'Houët et de MM. Favrel et Richardot. Dans cette retraite, qui fut probablement la première, on ne comptait pas moins de cinquante filles ou femmes, de toutes les classes de la société, riches, surtout pauvres, qui se retrempaient dans la vie spirituelle. Tous les exercices s'accomplissaient avec une régularité parfaite.

Mais comment peindre surtout la générosité et la bonté de la pieuse fondatrice? Elle voulut que l'hospitalité y fût gratuite. Les personnes plus fortunées, il est vrai, apportaient leur linge ou quelques objets nécessaires, mais la maison ne réclamait rien. L'hiver de 1829 était d'une rigueur extrême. L'infatigable veuve s'informait de tous les besoins, pourvoyait à toutes les nécessités.

Les retraitantes conçurent pour Madame d'Houët et pour ses religieuses un respect et une reconnaissance qui ne se démentirent jamais. Beaucoup d'entre elles résolurent de quitter le monde, et d'embrasser une Congrégation où elles trouvaient tant de moyens de salut. Nous ignorons le nombre de ces généreuses filles, mais ce que nous savons, c'est qu'aujourd'hui même où nous traçons ces lignes, l'établissement des fidèles compagnes de Jésus renferme encore 14 religieuses que la sainte fondatrice avait recrutées, il y a plus de 40 ans, dans le diocèse de Langres.

M. Favrel était dans l'enchantement. Mais nul ne montra autant de joie que le vénérable chef du diocèse. Mgr d'Orcet, qui ne cachait pas son estime pour la pieuse veuve, et qui avait déjà si facilement approuvé la société des *Prêtres du Sacré-Cœur*, encouragea vivement l'œuvre des retraites. Plusieurs fois Sa Grandeur vint présider certains exercices. Elle fit plus encore. Vers la fin du Mandement de 1830, elle recommanda vivement l'institution nouvelle à toutes les filles et les femmes de son diocèse, et engagea tous ses prêtres à la favoriser :

« Nous croyons, disait le pieux Pontife, devoir annoncer aux personnes du sexe qui désirent se procurer des moyens extraordinaires de sanctification, que nous avons le bonheur de posséder dans notre ville épiscopale un nouvel établissement religieux de femmes qui portent le nom de *Fidèles compagnes de Jésus*, et qu'on fera chez elles tous les ans six retraites de huit jours chacune. Nos coopérateurs s'empresseront certainement de conseiller, suivant le besoin et les ressources, ces retraites qui sont si vivement recommandées par les maîtres de la vie spirituelle. »

Un pareil encouragement, venu de si haut, ne put que donner un nouvel essor à cette œuvre précieuse. Tous les deux mois on voyait, avec une édification ineffable, arriver de toutes parts des groupes de pieuses femmes, au nombre de trente, quarante, cinquante, quelque fois soixante et quatre-vingts. Et là, dans la prière et le recueillement, loin des bruits de la terre, ces bonnes âmes se renouvelaient dans la vie spirituelle.

Madame d'Houët et ses sœurs ne négligeaient aucun moyen de sanctification. Toutefois le rôle principal appartenait au prêtre. La sainte fondatrice avait toujours soin d'appeler des ecclésiastiques pour faire la méditation, offrir le saint sacrifice, donner les instructions, prescrire les lectures, entendre les confessions. Cette charge incombait naturellement à M. Favrel et aux *Prêtres du Sacré-Cœur*. Mais lorsqu'ils faisaient défaut, Madame d'Houët recourait à d'autres ecclésiastiques qui lui inspiraient plus de confiance. Bien des fois MM. Barillot, Janny, Michel Thomas et d'autres encore lui rendirent des services signalés qu'elle savait apprécier.

Telles sont, en résumé, les œuvres accomplies à Langres par Madame d'Houët, avec le concours de quelques prêtres et surtout de M. Favrel. Malheureusement elles ne durèrent pas assez longtemps. Un orage terrible survint et brisa ces institutions. L'autorité ecclésiastique, qui avait favorisé ces œuvres naissantes, devint indifférente sous Mgr Mathieu, et hostile sous Mgr Parisis. M. Favrel lui-même, qui avait été l'admirateur et le bras droit de la pieuse veuve, se tourna contre elle quand il fut devenu vicaire-général; il alla même jusqu'à retirer de la société des *Fidèles compagnes de Jésus*, sa sœur Catherine qui en était membre depuis l'arivée de Madame d'Houët dans notre diocèse.

Que reprochait-on à cette fondatrice ? Assurément personne ne doutait de son dévouement et de sa piété. Mais on l'accusait de vouloir rester trop indépendante à l'égard de l'autorité épiscopale.

Il ne nous appartient pas, et d'ailleurs ce ne serait pas ici le lieu, de juger ce différend. Après avoir examiné cette affaire, nous n'y voyons qu'un regrettable malentendu qui avait sa source dans l'ignorance des lois ecclésiastiques sur les congrégations religieuses ; la bonne foi était complète de part et d'autre. Mais Madame d'Houët, toujours pleine de vénération pour les évêques, crut devoir supprimer la maison de Langres. La fermeture fut décidée en principe à la fin de 1837, et définitivement effectuée à Pâques de 1838. Les religieuses se retirèrent emportant l'estime des honnêtes gens, et la Supérieure a laissé jusqu'aujourd'hui la réputation d'une sainte femme.

Quant à M. Favrel, nous devons porter le même jugement. En suivant cette voie d'opposition contre Madame d'Houët, il prit pour guides la décision de son évêque et l'inspiration de sa propre conscience. La gloire de Dieu fut toujours le mobile de sa conduite ; nous allons en voir une preuve nouvelle dans la haute position que lui prépare la divine Providence.

CHAPITRE VII.

M. Favrel vicaire-général de Monseigneur Parisis. Ses travaux liturgiques.

En arrivant dans son diocèse, Mgr Parisis cherche un prêtre qui puisse être à la fois son confident et son auxiliaire. Il croit le trouver dans M. l'abbé Pierre Favrel. Les talents de ce jeune prêtre, sa vertu, l'expérience des affaires administratives qu'il a acquise pendant son séjour à l'évêché de Vannes, l'ouverture et l'aménité de son caractère, tout en lui charmait le Prélat. Il fut nommé vicaire-général *et spécial* le 15 octobre 1835.

Dès lors ces deux âmes, qui avaient d'ailleurs tant de traits de ressemblance, s'unissent de la façon la plus étroite. Ils habitent ensemble, prient ensemble, travaillent ensemble. C'est M. Favrel lui-même qui nous initie au charme de cette vie intime. Le 13 novembre 1835, il écrivait de l'évêché de Langres à sa sœur Catherine, religieuse chez les *Fidèles compagnes de Jésus :*

« Ma chère enfant, en voyant d'où je vous « écris, vous devez comprendre que ma « position est changée. Malgré toutes les « raisons qui paraissaient m'éloigner de « cette dignité, notre bon et saint Prélat « vient de me faire son Grand-Vicaire. « J'ai le bonheur d'habiter chez lui, d'être « presque constamment avec ce saint Evê- « que, de faire mes exercices de piété avec « lui, de travailler avec lui, etc. Voyez « donc, ma chère enfant, toutes les grâces « que le bon Dieu m'accorde. Aidez-moi à « le remercier; mais aussi demandez-lui « pour moi toutes les lumières dont j'ai si « grand besoin dans la charge qui est « imposée sur mes faibles épaules. »

Oui, le fardeau était lourd, et il va en sentir le poids. Surgit-il sur quelque point du diocèse une difficulté pressante ou délicate, M. Favrel y est envoyé « avec plein pouvoir de la trancher. » Ainsi le 7 décembre 1835, il est chargé d'aller régler des affaires administratives à la préfecture de

Chaumont, à la sous-préfecture de Wassy, à Saint-Dizier, à Joinville. Et le pouvoir qui lui est confié dans cette grave mission, est complet : « Nous avons chargé, dit le « Prélat, M. l'abbé Favrel, notre vicaire-« général, de nous remplacer et d'agir en « notre nom, comme revêtu de toute notre « juridiction dans les fonctions suivantes. » Et il termine par ces mots non moins significatifs : « Et en chargeant M. Favrel « de ces diverses missions, nous déclarons « ratifier, et ratifions par ces présentes, les « mesures qu'il croira devoir prendre, « selon nos intentions, dans l'intérêt du « bien. »

Quelques semaines après, dans le courant de janvier 1836, M. Favrel est envoyé à Paris traiter des questions importantes, et y demeure un mois.

A son retour, il est nommé confesseur extraordinaire des Annonciades, et rend désormais de fréquents services à ces excellentes religieuses.

« M. Favrel, nous écrit la Révérende « Mère supérieure, a été nommé confesseur « extraordinaire de la Communauté par Mgr « Parisis en l'année 1836. Il a commencé

« ces fonctions à Pâques de la même année, « et les a continuées jusqu'à ce qu'il suive « Monseigneur Parisis au diocèse d'Arras. « Il confessait aussi la Communauté pen- « dant l'hiver, en l'absence de Monsieur « Janny occupé des Missions à cette époque « de l'année. Il a contribué à plusieurs « retraites, et procuré différents priviléges « à la Communauté, tels que offices parti- « culiers, indulgences, etc.

« Sa charité pour les malades allait si « loin que souvent il se privait de sommeil « pour donner la sainte communion à cel- « les de nos sœurs qui, à raison de leurs « souffrances, ne pouvaient attendre jus- « qu'au matin.

« Il tenait beaucoup à l'observance de « nos Règles et Constitutions. Il a traduit « pour notre Communauté les coutumes « établies par Notre Bienheureuse Mère « Marie-Victoire et conservées en italien « dans les monastères de Gênes. Il nous a « toujours prodigué ses soins avec un très- « affectueux dévouement qui nous impose « l'obligation d'en conserver la mémoire et « de lui accorder un secours particulier « dans nos prières. »

Ainsi s'exprime le cœur reconnaissant de la vénérable supérieure. Ce langage n'est que l'expression de la pure vérité, nous aurons plus d'une fois l'occasion de le constater dans la suite de cette histoire.

Ce n'étaient pas les seules occupations qui lui fussent réservées.

Au commencement de cette même année 1836, Monseigneur Parisis organise les conférences ecclésiastiques, et institue un Conseil d'examen ; or quelques mois après, M. Favrel en est nommé secrétaire. Mais de tous les travaux qui lui imcombent, aucun ne l'absorbera comme la liturgie romaine.

A peine Mgr Parisis fut-il installé, qu'il crut devoir la rétablir dans son diocèse. Et certes ce n'était pas sans de graves motifs, car depuis la grande révolution le diocèse de Langres était dans l'état le plus déplorable sous le rapport liturgique. 94 paroisses ou annexes suivaient la liturgie de Toul, 70 celle de Châlons-sur-Marne, 13 celle de Troyes, 13 celle de Besançon, et 360 celle de Langres.

On croira sans doute qu'au moins ces 360 paroisses qui suivaient le rite langrois, avaient une parfaite unité liturgique. Il n'en était rien ; on chantait le capitule parisien, puis, tout après, le répons-bref romain ; de même l'hymme de Paris et les antiennes de Rome, etc., etc. En voici la raison. En 1830, Mgr d'Orcet, évêque de Langres, avait imposé à son clergé le Bréviaire parisien, mais malheureusement n'avait donné ni Missel, ni livres de chant qui lui fussent conformes. De là ce désaccord complet quant à la forme.

Il n'était pas moins regrettable sur le fond, car le Bréviaire parisien avait été rédigé d'après certaines idées souvent peu conformes à la doctrine catholique.

Du reste l'unité liturgique n'existait pas dans l'église de Langres, même avant Monseigneur d'Orcet. Au commencement du dix-huitième siècle, Mgr de Pardaillan de Gondrin d'Antin avait fait rédiger par le Père Renout, religieux de l'Oratoire, bien connu pour ses idées jansénistes, un Bréviaire dans un plan nouveau et surtout avec les idées nouvelles, et l'avait publié en 1731. Or le Missel, qui était purement romain, n'avait pas été retouché, en sorte que, depuis une centaine d'années, les prêtres du diocèse de Langres récitaient un Bréviaire en parfait désaccord avec le Missel pour le fond comme pour la forme.

Le mal était donc profond et déjà ancien quand Mgr Parisis arriva dans notre diocèse. L'âme du Prélat, si élevée, si droite, si romaine, fut profondément affligée d'un pareil chaos en une matière qui réclame éminemment l'unité, et résolut d'y mettre fin, tout en usant de prudence et de ménagement.

Dès le 18 janvier 1836 l'illustre Prélat fait part de son projet à son clergé : « Le « diocèse, lui écrit-il, soupire après une « liturgie uniforme, et c'est aussi l'objet de « nos ardents désirs. Mais en cela il est « encore moins urgent de faire vite que de « bien faire. »

Plus loin, il annonce à ses prêtres qu'il veut commencer par le Rituel, et que ce sont eux-mêmes qui en prépareront les bases dans les conférences ecclésiastiques. « Le premier ouvrage liturgique, leur dit-il, « c'est le Rituel, et c'est vous-mêmes que « nous prions d'en préparer les éléments. « Aux questions générales que nous vous « adressons d'abord sur les sacrements

« succèderont sans interruption des ques-
« tions particulières. Un Conseil d'examen
« et de rédaction sera établi près de Nous,
« et Nous veillerons à ce que le travail de
« chacun soit lu, discuté, et même retourné
« avec des notes. »

En attendant M. Favrel publie déjà quelques éditions plus urgentes. Ainsi il fait imprimer un office de Saint-Mammès, in-folio pour les livres de chœur, et in-4° pour les missels ; puis une troisième édition de l'office du Sacré-Cœur, revue, corrigée et augmentée. Mais ce n'est encore que le prélude des grands travaux qui devaient commencer trois ans plus tard, et dont nous donnons la liste, aussi complète et aussi exacte que nous l'ont permis de longues et nombreuses recherches.

En 1839, un *Ordo romain*, qui règle l'office depuis le 1er dimanche de l'Avent jusqu'à la fin de 1840.

En 1840, le *Paroissien latin;* en outre, le *Cérémonial des petites églises.*

En 1841, l'*Office des morts*; de plus, le *Vespéral noté*, tiré à 1,350 exemplaires.

En 1842, le *Graduel noté*, tiré également à 1,350 exemplaires; en outre, le

Rituel romain; enfin le *Paroissien latin-français*. Le 2 avril de cette même année, Mgr. Parisis annonce qu'il fera imprimer plus tard les épîtres et évangiles pour l'usage des écoles.

En 1843, le *Calendrier romain*, enrichi de plusieurs saints locaux, et ainsi accomodé à l'usage de la ville et du diocèse de Langres.

En 1844, le *Pastoral*, qui est un abrégé du Rituel, et qui contient les choses les plus usuelles : le baptême des enfants, le sacrement de Pénitence, la communion des infirmes, l'Extrême-Onction, l'indulgence plénière *in articulo mortis*, le prône, la bénédiction et l'exposition du Très-Saint-Sacrement, et l'amende honorable.

En 1845, le *Calendrier diocésain* reçoit de nouveaux saints; les uns sont élevés à un plus haut grade ; d'autres sont permutés; enfin des légendes sont rédigées.

En 1846, diverses règles sur le chant sont publiées dans le Mandement de carême, et dans l'assemblée synodale de 1846. La même année, nouvelle édition du *Vespéral* et du *Graduel* chez Douillet à Dijon. Cette édition est plus complète que la première.

En 1847, le « *Cérémonial selon le rit romain* par Joseph Baldeschi, traduit de l'italien et considérablement augmenté par M. l'abbé Pierre Favrel, chanoine et maître des cérémonies de la cathédrale de Langres. »

En 1851, la seconde édition du *Cérémonial* qui avait été imprimé en 1847, et qui est considérablement augmentée.

En 1854, la troisième édition de ce *Cérémonial,* plus complète encore que les précédentes.

En outre, dans les années 1840, 1841, 1842, 1843, 1844, 1845 et 1846, M. Favrel rédige l'Ordo pour le diocèse de Langres.

Enfin il publie un petit opuscule sur *la manière de bien servir la messe basse;* mais nous ignorons la date de la première édition.

La plupart des livres liturgiques que nous venons d'indiquer ont été imprimés et publiés par ordre de Mgr Parisis, mais personne ne doute que M. Favrel n'y ait eu la plus grande part. Il importe donc que nous en disions quelques mots.

Tous les ordos, depuis 1840 jusqu'à 1846 inclusivement, sont l'œuvre propre de

M. Favrel. L'auteur nous paraît avoir pris pour base de rédaction les calendriers publiés par Mérati pour l'année 1755 et les suivantes. Les ordos de 1847, 1848 et 1849 ont été faits par M. Barthellemy, curé-doyen d'Auberive. Depuis cette époque, ils sont rédigés dans le cours de liturgie qui se fait au Grand-Séminaire.

Le *Cérémonial des petites églises* a été entièrement composé par M. Favrel. Il renferme en 24 pages les rites à observer pour Vêpres, Complies, Matines, la bénédiction et l'aspersion de l'eau bénite, la procession, la grand'Messe, l'exposition et la bénédiction du Saint-Sacrement, les cérémonies propres à certains jours de l'année.

La question du chant le préoccupa beaucoup. Il ne savait quelle édition choisir. Se défiant de lui-même, et pensant qu'il trouverait ailleurs des lumières et de sages conseils, il parcourut plusieurs diocèses, et se rendit même en Belgique. Ces démarches n'eurent guère d'autre résultat que de lui révéler la plus fâcheuse confusion dans cette partie de la liturgie. Et cependant il fallait se hâter. Il se mit donc à l'œuvre en prenant surtout pour base une des dernières éditions de Delaroche. Malheureusement il eut le tort de la modifier sur bien des points, augmentant encore cette regrettable variété dont il se plaignait lui-même.

Nous ne parlons pas du *Paroissien latin-français,* parce que M. l'abbé Favrel, absorbé par d'autres occupations, n'eut qu'une faible part à cette traduction. L'honneur en revient surtout et presque exclusivement à Mgr Parisis. Ce grand Prélat avait promis que l'ouvrage paraîtrait dans le courant de mai 1842. Il compta le nombre de pages qu'il devait traduire chaque jour pour réaliser sa promesse. Il tint parole, malgré ses immenses travaux et le mauvais état de sa santé.

Le *Cérémonial selon le rit romain* est la traduction d'un ouvrage italien composé par Baldeschi, maître des cérémonies de la basilique de Saint-Pierre à Rome. Mais M. Favrel ne se contenta pas de faire une traduction. Il l'enrichit de nombreuses notes placées au bas des pages, puis de douze appendices, et d'une table analytique. Les appendices traitent : des Matines et des Laudes, de l'eau bénite, des cérémonies à observer lorsque l'Evêque assiste à la messe solennelle ou aux vêpres, de la messe solennelle avec un prêtre assistant, de l'encensement dans le diocèse de Langres et spécialement dans la cathédrale, de la manière de donner la paix, des petites Heures et en particulier des Complies, des processions, de la procession de la Fête-Dieu dans le diocèse de Langres, de l'exposition et de la bénédiction du Saint-Sacrement dans le diocèse de Langres, du lavement des autels le jeudi-saint, et de l'absoute pour les défunts.

De toutes ces œuvres liturgiques, le *Cérémonial* est incontestablement celle qui eut le plus de vogue et qui jeta le plus vif éclat sur le nom de M. Favrel. Il effaça presque entièrement le *Manuel des cérémonies romaines,* qui pourtant était très-répandu en France, et qui exposait assez bien les rites romains, particulièrement les rubriques de la messe basse. Pourquoi ce succès? D'où vient ce triomphe du *Cérémonial* de M. Favrel sur le *Manuel des cérémonies romaines* qui jouissait d'une si grande vogue à cette époque? Les raisons en sont très-simples. Le *Cérémonial* était plus romain ; il était la traduction d'un ouvrage romain; enfin il se recommandait de la haute approbation de Mgr Parisis qui était connu pour ses idées romaines.

Est-ce à dire que ce livre était parfait? Assurément non; il avait une couleur trop langroise pour un ouvrage qui visait à se propager dans toute la France; et nous verrons bientôt M. Favrel transformer son œuvre dans une seconde édition.

Nous pourrions faire la même observation sur le *Cérémonial des petites églises,* ainsi que sur les Paroissiens, le *Rituel,* le *Pastoral,* et les livres de chant. Ces travaux liturgiques laissent à désirer sur bien des points. Mais il importe de rappeler que Mgr Parisis eut l'honneur d'être, avec dom Guéranger, le promoteur de la restauration liturgique en France; que l'on n'avait pas alors les solutions que nous possédons aujourd'hui, particulièrement sur l'obligation d'adopter la liturgie romaine, sur la légitimité et l'illégitimité des usages locaux, sur la nécessité de soumettre à l'autorité du Saint-Siége les légendes diocésaines ainsi que les bénédictions que l'autorité épiscopale voudrait ajouter à celles du *Rituel* romain, etc. Voilà ce qui explique les taches qui déparent notre liturgie diocésaine, et voilà pourquoi en même temps ces travaux, malgré leurs imperfections, resteront toujours la plus belle gloire de M. Favrel.

Du reste les œuvres liturgiques n'étaient pas sa seule occupation; elles étaient souvent interrompues par des travaux administratifs, et quelquefois par de longs et importants voyages.

CHAPITRE VIII.

Voyage de Rome. A son retour, il est nommé chanoine titulaire.

En 1842, Mgr Parisis n'avait encore pu accomplir le serment solennel qu'il avait fait, au jour de sa consécration épiscopale, d'aller en personne visiter le tombeau des bienheureux Pierre et Paul, et de rendre compte au Saint-Siége de l'état spirituel de son diocèse. La traduction du Paroissien était achevée; l'impression du *Rituel* était terminée; le synode diocésain venait de se tenir avec une pompe inusitée; on était au 22 avril 1842. Mgr Parisis annonce son départ pour la Ville éternelle, emmenant avec lui son secrétaire intime, M. l'abbé Favrel.

Le voyage des deux pèlerins fut très-heureux. Le 30 avril, ils abordent en rade de Gênes, et reçoivent un excellent accueil de l'éminent Cardinal-Archevêque. Toutes les permissions qu'ils demandent sont gracieusement octroyées. Ils pourront visiter en détail la maison mère des Annonciades, offrir le saint sacrifice à l'autel de la Bienheureuse Victoire Fornari, fondatrice de l'ordre, voir le corps de la Bienheureuse, et parcourir les cellules des religieuses. Et ils usent de toutes les permissions. Avec quelle dévotion les augustes voyageurs célèbrent la sainte messe! Avec quelle vénération ils contemplent la face bien conservée de la Bienheureuse! Avec quelle édification ils parcourent ces cellules qui n'ont pas d'autre parure que celle de la piété et de la pauvreté!

Mais des émotions plus vives encore les attendaient ailleurs. Le 4 mai, veille de l'Ascension, ils arrivent à la Ville éternelle. Or dès le lendemain ils ont le bonheur de voir officier solennellement le Vicaire de Jésus-Christ et de recevoir sa bénédiction solennelle. Quelques jours après ils obtiennent une audience particulière; puis ils visitent les prélats les plus élevés de la Cour romaine.

Leur séjour à Rome fut d'environ trois

mois. Mais que ces trois mois furent heureusement employés! Quelles douces émotions! Quels fruits abondants pour l'esprit et pour le cœur!

« Je ne saurais vous dire, écrivait-il le « 11 mai 1842, toutes les consolations que « l'on éprouve dans cette cité, qui mérite si « bien le surnom de sainte. Tout ce qu'on « m'en avait dit, tout ce que je m'en étais « figuré est bien au-dessous de la réalité.

« En France, on ne peut pas se faire une « idée des mœurs de ce pays-ci. A Rome, « on prie dans les rues comme chez nous « dans les églises, et tout haut. On ne con- « naît guère le respect humain. C'est admi- « rable tout ce qu'il y a de pratiques et « d'exercices de piété en tous genres, sur- « tout chez les hommes; car, pour que tout « soit à l'opposé de ce qui se fait en France, « les hommes valent beaucoup mieux que « les femmes.

« Cette terre est véritablement celle des « miracles. A chaque coin de rue et « presque à chaque maison, il y a des « vierges miraculeuses.

« Il paraît qu'à Naples, c'est bien plus « sensible encore; on peut dire que ce bon

« peuple, par les cris de sa foi, force le bon « Dieu à opérer des prodiges. Je crois « donc que nous irons jusqu'à Naples, « puis nous reviendrons nous édifier encore « ici. »

Si les rues de la cité sainte édifient si profondément le pieux pèlerin, on pense bien que les monastères lui offriront des sujets d'admiration beaucoup plus ravissants encore. Il écrivait à la Mère supérieure des Annonciades de Langres : « Ce « n'est que ce matin que j'ai pu me rendre « chez vos Mères, qui demeurent à une « petite demi-lieue de nous. J'ai été édifié « au-delà de tout ce que je puis vous dire. « Il est impossible de voir quelque part « plus de pauvreté, de simplicité, de piété. « Elles m'ont témoigné un grand désir que « Mgr Parisis allât leur dire la sainte « messe. Comme je leur disais que nous « tâcherions d'obtenir la permission d'en- « trer, elles m'ont répondu que là-dessus « elles ne feraient aucune avance, parce « qu'il était contre l'esprit de l'Institut de « le désirer. Par ce petit échantillon vous « pouvez juger de leur régularité. »

Mais rien ne frappa M. l'abbé Favrel

comme la vue du Souverain-Pontife, parce que la foi lui montrait dans Grégoire XVI, non plus seulement l'éclat des vertus personnelles, mais encore la majesté du suprême pontificat, et l'incomparable dignité de Vicaire de Jésus-Christ : « On ne « peut pas voir le Saint-Père, écrivait-il, « sans être pénétré d'une profonde émo- « tion, plus peut-être encore à raison de « son air indicible de sainte dignité, que « par la considération du caractère unique « dont il est revêtu. »

Toutes ces magnificences dont son cœur était si vivement épris, lui inspiraient le désir de passer ses jours dans la Ville éternelle : « Je passerais volontiers ma vie « à Rome, disait-il, si cela entrait dans les « vues de la divine Providence. »

Voilà pour le cœur.

L'esprit n'en tira pas un moindre profit. Ses relations quotidiennes avec les hommes les plus éminents, élevèrent ses idées. L'Eglise romaine lui apparut dans tout l'éclat de sa grandeur et de sa divinité; aussi forma-t-il la résolution de travailler plus que jamais au triomphe de ses doctrines.

Mais sur quel point va-t-il porter ses efforts? Chacun le devine. La confusion la plus déplorable régnait dans le culte public. La plupart des diocèses de France avaient follement abandonné l'admirable liturgie romaine pour se fabriquer des rites nouveaux dépourvus d'antiquité, d'unité, d'universalité, d'immutabilité, d'infaillibilité doctrinale, en un mot de tous les caractères merveilleux qui font de la liturgie romaine une œuvre incomparable. Quel service ne rendrait-on pas à l'Eglise catholique comme à l'Eglise de France en mettant fin à ce cahos qui désole les plus saints prêtres, et en restaurant cette vénérable liturgie romaine jadis si chère à nos ancêtres? C'est d'ailleurs le vœu cent fois exprimé par le Saint-Siége. Voilà donc le point où il faut diriger ses travaux.

Telle est sa pensée.

Mais comment accomplir cette haute mission?

Depuis quelques années venait de paraître dans la ville de Rome un ouvrage estimé, qui avait pour titre : *Exposizione delle sacre Cerimonie* : Exposition des cérémonies sacrées. L'auteur s'appelait

Joseph Baldeschi, maître des cérémonies de la basilique de Saint-Pierre de Rome. L'ouvrage était donc sérieux. De plus, il avait été dédié au cardinal Patrizi, vicaire de Rome et membre de la sacrée Congrégation des Rites. Cet ouvrage présentait donc les plus solides garanties.

M. Favrel prit la résolution de le traduire après son retour de Rome, en y ajoutant les notes et suppléments qu'il jugerait nécessaires pour la France, et il mit son projet sous la protection du Souverain-Pontife. Grégoire XVI bénit ce noble projet, combla M. Favrel de faveurs spirituelles, et lui conféra, par un bref du 21 juin 1842, le titre de *Missionnaire apostolique.*

A son retour de la Ville éternelle, Monseigneur Parisis voulut aussi récompenser son pieux et dévoué vicaire-général. Monsieur l'abbé Huin, ce courageux restaurateur des études secondaires dans la ville de Langres, étant venu à mourir, Sa Grandeur proposa M. Favrel pour le remplacer en qualité de chanoine titulaire. Ce choix plut sans doute au gouvernement, car la présentation, qui avait eu lieu le 14 décembre 1843, fut agréée par le roi dès le 7 janvier 1844.

Cette nouvelle charge, si assujettissante, va-t-elle apporter quelque changement à ses habitudes de travail? Nullement. Ainsi il prépare le *Pastoral*, qui parut en 1844; il complète le *Calendrier diocésain* et rédige des légendes, ouvrage qui fut publié en 1845; il revoit le *Vespéral* et le *Graduel*, et les fait imprimer à Dijon en 1846; enfin il donne en 1847, son grand *Cérémonial* attendu depuis si longtemps et qui obtint un véritable succès.

Il semble que des travaux si graves et si multipliés absorbent tous les instants de M. Favrel. Il n'en est rien. L'infatigable vicaire-général ne reste étranger à aucune des œuvres opérées par son illustre Evêque, et certes ces œuvres ne furent pas moins nombreuses qu'éclatantes. On se rappelle les luttes ardentes et opiniâtres soutenues par l'épiscopat d'une part, et de l'autre par le gouvernement de Louis-Philippe et l'Université au sujet de la liberté d'enseignement et de la liberté de l'Eglise. Or nul ne mit plus de zèle et de talent au service de ces causes sacrées.

Ses opuscules se succédaient avec une incroyable rapidité. Qu'il nous suffise d'indiquer les titres des principaux ouvrages :

En 1843 : *Liberté d'enseignement. Examen de la question au point de vue constitutionnel et social.*

En 1844 : *Liberté de l'Eglise. Premier examen. Des empiétements. Est-ce l'Eglise qui empiète sur l'Etat? Est-ce l'Etat qui empiète sur l'Eglise. — Deuxième, troisième et quatrième examens sur la liberté d'enseignement au point de vue constitutionnel et social. — Première lettre de Mgr l'évêque de Langres à M. le duc de Broglie; deuxième lettre, etc., troisième lettre, etc. — Lettre de Mgr l'évêque de Langres à M. le comte de Montalembert* sur la part que doivent prendre aujourd'hui les laïques dans les questions relatives aux libertés de l'Eglise.

En 1845 : *Liberté de l'Eglise. Deuxième examen. Des tendances. Que demande l'Eglise? Que veut l'Etat? — Liberté d'enseignement. Réponses au Rapport de Monsieur Thiers sur le Projet de loi relatif à l'Enseignement secondaire, par M. le comte de Mérode, Mgr l'Evêque des Cana-*

ries, et Mgr l'Evêque de Langres. — Liberté de l'Eglise. Troisième examen. Du silence et de la publicité.

En 1846 : *De la question liturgique.* Exposé des motifs qui ont déterminé Monseigneur Parisis à rétablir la liturgie romaine dans le diocèse de Langres. — *Des gouvernements rationalistes et de la religion révélée, à propos de l'enseignement.*

En 1847 : *Lettre de Mgr l'Evêque de Langres à M. le comte de Salvandy, ministre de l'Instruction publique,* à propos du Projet de loi sur l'Instruction secondaire et de quelques autres actes analogues. — *Cas de conscience* à propos des libertés exercées ou réclamées par les catholiques.

En 1849 : *Cas de conscience,* seconde série. *La démocratie devant l'enseignement catholique ; souveraineté du peuple; liberté, égalité, fraternité.*

En 1850 : *Discours de M. l'abbé Parisis, évêque de Langres, représentant du peuple, dans la discussion générale du projet de loi sur l'Instruction publique. — Instruction historique et pratique sur la loi d'enseignement, adressée par Mgr l'Evêque de*

Langres à MM. les curés de son diocèse. — La vérité sur la loi de l'Enseignement. — Seconde lettre à M. de Montalembert sur la part que peuvent prendre les laïques dans les discussions relatives aux affaires de l'Eglise.

A cette liste nous pouvons ajouter encore plusieurs discours remarquables prononcés à la distribution des prix du Petit-Séminaire dans les années 1844 et suivantes, ainsi que l'ouvrage intitulé : *Le député père de famille, ou les affaires impossibles*, par un bachelier ès-sciences.

Assurément M. Favrel ne resta pas en dehors de ces œuvres qui passionnaient si vivement l'opinion publique et qui s'exécutaient à ses côtés. D'ailleurs lui-même a dit bien des fois qu'il travaillait avec le célèbre Prélat. Mais comme nous ne savons pas exactement la part qu'il y a prise, nous avons dû nous contenter de donner la liste de ces glorieux travaux.

Toutes ces occupations ne l'empêchaient pas de suivre son illustre et saint Pontife dans les lieux où il était appelé par les intérêts de l'Eglise. C'est ainsi qu'en 1846 il se rend en Belgique avec lui pour assister au fameux jubilé séculaire de Liège qui eut un si grand retentissement dans tout l'univers catholique. Les discours célèbres qui y furent prononcés, les magnifiques cérémonies dont il fut témoin, le touchèrent profondément. Il écrivit, dans un petit journal que nous avons entre les mains, les impressions que produisaient en lui ces admirables manifestations de la foi catholique; et nous avons tout lieu de croire qu'il fut alors vivement encouragé par de hauts patronages à terminer son grand *Cérémonial,* qui en effet fut publié l'année suivante.

CHAPITRE IX.

Monseigneur Parisis député. — M. Favrel le suit à Paris. On lui propose l'épiscopat. Noble refus. — Concile de Lyon. Rôle important de M. Favrel. — Retour à Paris. Nombreux travaux.

Deux ans après, Mgr Parisis est nommé député du Morbihan, et se rend à Paris. Chacun sait le rôle important qu'il y joua dans les plus hautes questions, sur la liberté de l'Eglise, sur le pouvoir temporel et spirituel du Saint-Siége, et particulièrement sur la liberté d'enseignement. Or M. Favrel l'accompagna, et lui fut d'un grand secours en faisant des recherches continuelles, et en lui fournissant ainsi de précieux matériaux pour les discussions qui avaient lieu au sein des commissions ou dans l'Assemblée nationale.

Le séjour de Paris le mit promptement en lumière. Le ministre des cultes, qui connaissait ses talents, ses vertus et sa longue expérience des affaires administratives, lui proposa un évêché dans les colonies françaises. La modestie de M. Favrel s'étonna d'une pareille proposition, et s'effraya de ce glorieux mais redoutable fardeau. Il fit tous ses efforts pour l'écarter de ses épaules.

Malgré sa résistance, il est probable que sa nomination aurait eu lieu si Monseigneur Parisis ne fût intervenu dans cette grave circonstance. L'illustre Prélat, qui tenait à conserver auprès de lui son cher secrétaire, l'engagea à décliner l'honneur qui lui était offert. Il alla plus loin. Craignant que M. Favrel ne se laissât enfin gagner par les instances du ministre, Sa Grandeur lui adressa une de ces paroles du cœur qui mettent fin à toute hésitation : « Voulez-vous donc me quitter? » C'en était fait. Le Prélat avait touché la corde sensible. M. Favrel refuse catégoriquement et avec bonheur. Le 13 mai 1850, il annonçait à son frère son heurense délivrance, et en bénissait le Seigneur : « Cette affaire, lui « écrivait-il, touche à sa solution, et je « suis bien aise de te dire que je suis tout-« à-fait en dehors de la question. *Deo* « *gratias!* »

Deo gratias! Ce cri d'un cœur reconnaissant, il va le répéter avec plus de bonheur encore.

Quelques semaines après ce noble refus, s'ouvrait le concile de Lyon, qui apporta une si grande consolation aux âmes chrétiennes. Il y avait plus de 300 ans que ces saintes assemblées ne s'étaient tenues dans notre province ecclésiastique. M. Favrel tressaillait de joie, parce qu'il était persuadé que les doctrines romaines, dont il avait toujours été l'ardent défenseur, y trouveraient un triomphe éclatant.

Son allégresse fut à son comble quand il apprit qu'il serait lui-même témoin de ce triomphe, et qu'il y concourrait par sa présence et ses travaux. Mgr Parisis lui fit en effet l'honneur de le choisir pour son théologien, pendant que d'autre part le vénérable Chapitre de Langres déléguait deux de ses plus doctes membres, MM. Thomas et Lorain, anciens professeurs du Grand-Séminaire.

Ce n'était pas le seul honneur qui attendait M. Favrel.

Le concile s'ouvre. Dès la première congrégation générale, qui eut lieu le 29 juin

1850, il fut nommé secrétaire du concile, fonction importante qu'il partagea avec M. l'abbé Plantier, l'illustre conférencier de Notre-Dame de Paris, qui devait plus tard occuper avec tant d'éclat le siége épiscopal de Nîmes.

Mais dans l'Eglise les grands honneurs engendrent les grandes charges. Le séjour de Lyon ne fut pas pour M. Favrel un temps de repos, mais au contraire une source de continuelle et profonde fatigue.

Pour s'en convaincre, il suffit de se rappeler les principales questions qui furent examinées et résolues en moins de sept semaines, questions aussi graves que nombreuses : Dieu, Notre-Seigneur Jésus-Christ, l'Eglise, le Souverain-Pontife, les Evêques, le Métropolitain, le for extérieur, les chapitres, les synodes diocésains, les curés et autres clercs, la résidence, la prédication, le culte divin, les sacrements, les fabriques, les fondations, l'éducation des enfants, les écoles, les séminaires, les études, les conférences ecclésiastiques, les examens, l'approbation des livres, le soulagement des prêtres infirmes ou âgés; enfin les vœux exprimés par les Pères du concile relativement au dogme de l'Immaculée Conception de la très-sainte Vierge, à la béatification de la vénérable Marguerite-Marie Alacoque, et à la consécration de toute la province de Lyon au Sacré-Cœur de Jésus; matières considérables qui durent être rédigées en un temps court, et qui épuisèrent les deux secrétaires. Mais ils travaillaient pour la gloire de Dieu et de la sainte Eglise, et ils ne songeaient pas à se plaindre de leurs fatigues.

M. Favrel les oublia même complétement le jour de la clôture. Ce fut un vrai triomphe pour lui. C'est lui qui, en cette journée à jamais mémorable, dans la splendide église des Chartreux, fut chargé de promulguer les décrets du concile, en présence de l'Eminentissime cardinal-archevêque de Lyon, de dix archevêques ou évêques, et d'un immense concours de clercs et de fidèles. C'est lui qui annonça la fin du concile. C'est lui enfin qui, de sa voix puissante, et au milieu d'innombrables assistants qui répondaient à ses accents, chanta solennellement ces émouvantes acclamations :

« Au très Sacré-Cœur de Jésus, source
« de toutes grâces!

« A la bienheureuse Vierge Marie, Reine
« des anges, splendeur des saints!

« Au bienheureux Irénée, adversaire
« implacable des hérésies, très-glorieux
« martyr!

« Au bienheureux Bruno, fondateur de
« l'ordre illustre des Chartreux qui est le
« plus beau fleuron de la province de
« Lyon!

« A Sa Sainteté Notre-Saint-Père le
« Pape Pie IX, pontife de l'Eglise univer-
» selle!

« A l'Eminentissime et Révérendissime
« de Bonald, cardinal de la sainte Eglise
« romaine, archevêque de Lyon et de
« Vienne, primat des Gaules!

« Aux Révérendissimes évêques de la
« province de Lyon!

« Aux Révérendissimes archevêques et
« évêques des autres provinces qui ont
« assisté au concile!

« A tous les députés et à tous les Ordres
« qui sont également venus à ce saint
« synode!

« A la très-noble et très-illustre nation

« Française, qui a toujours aimé tendre-
« ment la sainte Mère l'Eglise dont elle est
« la Fille aînée, et qui l'a toujours défendue
« de sa vaillante épée!

« A la cité des martyrs, à la cité des con-
« ciles œcuméniques, à la cité qui par ses
« enfants porte le nom du Seigneur jus-
« qu'aux extrémités de la terre!

« Au clergé et aux fidèles de la province
« de Lyon, et à tout le peuple chrétien! »

Et à chacune de ces acclamations répondaient les accents enthousiastes de milliers de voix de prêtres, de séminaristes et de laïques parfaitement préparés à cette scène incomparable; accents merveilleux qui peuvent se résumer par ces mots : Gloire, honneur, louange, actions de grâces, paix, prospérité, bonheur !!!

On ne saurait imaginer de spectacle plus solennel et plus émouvaut: et M. Favrel en fut le principal acteur! Il ne l'oublia jamais.

Le concile terminé, il retourne à Paris où il continue de prêter son concours à Mgr Parisis pour les discussions qui ont lieu à la Chambre des députés et pour les affaires administratives du diocèse de Langres.

En même temps il revoit et modifie son grand *Cérémonial :* « Je fais une seconde « édition de mon Cérémonial, écrivait-il le « 28 février 1851, mais avec des modifica- « tions si profondes que c'est presque un « autre ouvrage. C'est une affaire du reste « bien avancée ; tout sera terminé pour « notre départ. » Or ce départ devait avoir lieu le 24 ou le 25 mars, où Mgr Parisis vint en effet donner la confirmation dans le canton de Longeau, et faire plusieurs ordinations dans la ville de Langres.

C'était, hélas ! le dernier voyage de l'auguste Prélat dans son cher diocèse de Langres.

CHAPITRE X.

Monseigneur Parisis est nommé à l'évêché d'Arras. M. Favrel le précède. Appréciation de cette nouvelle position. — Travaux immenses du prélat et du vicaire-général. — Longue et douloureuse maladie. Mort. Magnifiques obsèques à Arras et à Saint-Geôsmes.

Quelques mois après Mgr Parisis était transféré sur un siége plus important et plus difficile, à l'évêché d'Arras. Ce changement si regrettable pour le diocèse de Langres, a été diversement et quelquefois très-faussement interprété. M. Favrel a donné les vrais motifs dans une lettre intime du 1er août 1851 : « Je vais t'apprendre, écri-
« vait-t-il à son frère de St-Geosmes, une
« grave nouvelle que je n'ai pas voulu
« t'apprendre de vive voix.

« Monseigneur est transféré de l'Evêché
« de Langres à celui d'Arras. Les circons-
« tances qui ont amené et accompagné cet

« événement, n'ont pas laissé de possibi-
« lité à un refus. Le Ministère *à l'unani-
« mité,* la députation du Pas-de-Calais
« *tout entière* (et elle se compose de quinze
« membres), le clergé d'Arras représenté
« par *tout le Chapitre,* la *Nonciature*
« *Apostolique,* tout s'est mis de la partie
« pour demander à Monseigneur, non pas
« son acquiescement à un poste plus
« important, mais *un acte de dévouement.*
« Et quand on le prend par ce côté, il ne
« sait pas résister. C'était d'ailleurs fort
« difficile sans contrarier les vues de la
« Providence. »

Monseigneur accepte ce changement. Que va faire M. Favrel? Va-t-il profiter de ce coup inattendu pour prendre un peu de repos après tant de fatigues? Va-t-il retourner à Langres, où il a une position honorable et assurée au sein du vénérable Chapitre, à côté de sa famille et de ses nombreux et fidèles amis?

Ecartons ces idées trop humaines. Avec M. Favrel qui a toujours vécu dans l'austérité et qui a fait vœu de pauvreté, il faut porter nos regards plus haut. Quelle est la volonté de Dieu? Voilà son unique préoccupation. Il y a 24 ans, il quitta une brillante carrière au diocèse de Vannes pour rentrer à Langres et embrasser la vie pénible de l'apostolat. Il n'a pas changé. Quelques velléités de repos se présentent bien à son esprit comme une tentation. Mais il les repousse bien vite, à l'exemple du divin Maître. *Pater fiat voluntas tua.* C'est lui-même qui nous initie à cette lutte et à cette victoire.

« Le changement de position pour Mon-
« seigneur, ajoute-t-il dans la lettre que
« nous avons citée plus haut, a son contre-
« coup sur moi. J'avais rêvé le repos, et
« me disposais simplement à aller passer
« des jours tranquilles dans ma stalle à
« côté de toi. Mais le bon Dieu ne le vou-
« lait pas ainsi ; et ce qui est fait sans lui
« est non avenu.

« Ma transmigration à Arras m'a été
« proposée dans des termes tels, que je
« devais dire : *Fiat.* Je l'ai dit ; je l'avais
« déjà dit quand je t'ai vu, mais j'avais tou-
« jours le temps de t'en faire part.

« Quand tu me parlais des vacances de
« cette année, je ne te répondais que par
« des monosyllabes insignifiants ; tu en

« comprends maintenant la raison. Toute-
« fois, j'espère aller sous peu à Langres ;
« et très-certainement, si le bon Dieu le
« permet, je te verrai avant le grand dé-
« part. »

Ces nobles sentiments de résignation, qui sont comme le fond de son âme, se manifestent toutes les fois que l'occasion se présente. Son frère lui ayant exprimé le regret de le voir s'éloigner encore de sa famille, le pieux vicaire-général lui fait cette courte et admirable réponse :

Paris, 24 septembre 1851.

« Mon cher frère, ta lettre laisse percer
« une sensibilité qu'il faut surmonter. En
« toute chose il faut voir la volonté de Dieu.
« Je crois que ma transmigration est dans
« cette volonté sainte ; eh ! bien : *fiat.*
« Partout sur cette terre la masse des
« peines l'emporte sur celle des satisfac-
« tions. A Arras j'aurai beaucoup plus
« d'ouvrage que je n'en aurais en restant à
« Langres ; mais dans cette dernière ville,
« j'aurais eu peut-être plus de chagrins
« que dans la première. Croix pour croix,
« prenons celles du bon Dieu... Bref, le

« bon Dieu l'a voulu, je crois que c'est « bien. »

Ces croix qu'il espérait trouver au diocèse d'Arras, il ne les rencontra pas, au moins dans le commencement. Il fut envoyé en précurseur dans le nouveau poste par Monseigneur Parisis ; or voici comment il nous peint ses premiers sentiments dans une lettre du 1er octobre 1851 : « Je suis à « Arras depuis lundi, envoyé en précur- « seur. On fait à l'Evêché d'Arras d'assez « graves réparations. Je les suis, et je « prends connaissance du terrain sur « lequel nous allons marcher. Ce sont de « très-braves gens avec lesquels, je pense, « il sera facile de s'entendre.

« Le personnel dont je te parle est celui « de la ville d'Arras ; car ce n'est pas en « deux jours qu'on peut connaître le Pas- « de-Calais. J'en ai vu assez déjà pour « espérer que je me plairai bien ici. »

Quelques semaines après, l'illustre Pontife va rejoindre son cher secrétaire, et prendre possession de son nouveau siége. L'entrée est vraiment triomphale ; on ne saurait concevoir une réception plus splendide. Le Prélat est à la hauteur du triomphe. Son discours de réception ravit les assistants, au point que le journal *La Liberté*, d'Arras, croit devoir le reproduire en lettres d'or.

Ces fêtes passées, le vénérable Pontife organise son Conseil. Il désigne comme vicaires-généraux titulaires, M. Favrel et M. de la Tour-d'Auvergne, et choisit pour vicaires-généraux honoraires, MM. des Billiers, Proyart et Parenty, tous prêtres de talent et de mérite.

Quel est le genre de vie de M. Favrel dans cette position nouvelle? Nous pouvons répondre en toute sûreté, car nous avons son propre témoignage.

D'abord, il est frappé de l'esprit de sagesse et d'équité des populations de l'Artois à l'égard du clergé. On se garde bien d'écarter les prêtres des administrations civiles. Au contraire, on fait souvent appel à leurs lumières et à leur dévouement. « L'esprit de ce pays est générale-
« ment bon, écrivait-il dans une lettre du
« 25 octobre 1851. Ainsi M. Fréchon,
« excellent prêtre, chanoine résidant au
« Séminaire, a été nommé Représentant.
« Un autre chanoine, que Monseigneur

« vient de nommer vicaire-général, est
« membre du Conseil municipal de la ville
« d'Arras. Des curés, dans le reste du dio-
« cèse, sont aussi membres de la munici-
« palité, ce qui scandaliserait fort nos rai-
« sonneurs de la Haute-Marne. »

Quant à l'emploi de ses journées, Monsieur Favrel ne change pas ses austères habitudes de travail et de piété. Rien n'est édifiant comme l'intérieur de l'Evêché d'Arras. Ceux qui ne connaissent en Monseigneur Parisis que l'illustre publiciste, que l'infatigable défenseur des droits de l'Eglise, que le vigoureux champion de la liberté de l'enseignement, ne se doutent guère qu'il menait une vie aussi pieuse, aussi régulière et aussi laborieuse qu'un bénédictin. Le palais épiscopal ressemblait à une communauté religieuse. Ecoutons M. Favrel :

« A quatre heures et demie, le lever. A
« cinq heures et demie, Matines et Prime
« en commun dans la Chapelle ; car nous
« formons communauté, Monseigneur,
« M. l'abbé de la Tour-d'Auvergne, M. des
« Billiers, M. Braure, secrétaire de l'Evê-
« ché, et moi. Après les Matines, Monsei-

« gneur dit la sainte messe, à laquelle
« assistent tous les domestiques, et où il
« est assisté par l'un de nous; chacun a
« pour cela sa semaine. Les autres vont
« célébrer leur messe à la Cathédrale.

« Après ma messe, j'allume mon feu; je
« mentionne cette circonstance, parce qu'ici
« où l'on brûle du charbon de terre, c'est
« toute une affaire.

« A dix heures, le déjeûner en commun,
« à l'exception de Monseigneur qui prend
« son thé dans sa chambre après sa messe.
« A deux heures et demie, Conseil, qui a
« lieu tous les jours; ce qui continuera
« même en l'absence de Monseigneur. A
« six heures et demie, le dîner, pendant
« lequel un séminariste fait la lecture
« comme cela se pratique dans les commu-
« nautés les mieux réglées.

« Vient ensuite la récréation, pendant
« laquelle jusqu'à présent nous avons tou-
« jours reçu des visites.

« A neuf heures, la prière du soir, à
« laquelle toute la maison assiste. Elle se
« fait à la chapelle, et est suivie d'une
« petite lecture faite par Monseigneur lui-
« même. »

La table n'était pas moins édifiante; c'est encore M. Favrel qui le raconte. « Dans « les dîners ordinaires on boit peu de vin. « Nous sommes à la bière. Nous buvons « seulement un peu de vin de dessert. Mais « du reste la bière, comme on la fait dans « ces pays-ci, me va mieux que de l'eau et « du vin. Je trouve cela très-bon et surtout « très-salutaire. Je me porte mieux que « jamais, et crains même de prendre de « l'embonpoint. »

Ces craintes ne se réaliseront pas. La Providence lui ménage des épreuves terribles, qui le fatigueront, l'épuiseront, et le conduiront bientôt à la mort.

Dans le courant de janvier 1852 il fut pris d'une sorte de rhume terrible dont aucun médecin ne pouvait connaître la nature. Voici la description qu'il en fait lui-même dans une lettre du 13 mai : « Un beau matin, sans autre préliminaire, je m'éveille avec une extinction de voix complète et une toux violente. C'était, je crois, au mois de janvier. La semaine se passe sans que je m'inquiète de cela. Huit jours après, — c'était un jour d'élection, — en venant de remplir mes devoirs de citoyen, et en ouvrant la porte de ma chambre, je fus saisi par une quinte violente de toux. En toussant je me fis du mal et me donnai un tour de reins. Après une petite station sur un fauteuil qui se trouvait près de moi, je me mis avec grand'peine dans mon lit, où je demeurai une huitaine de jours sans pouvoir faire aucun mouvement. Celui que l'on est obligé de faire en respirant, suffisait pour me donner des crampes. J'appelai un médecin. On me procura des secours qui emportèrent le mal de reins, mais laissèrent le rhume intact. »

Et cependant on employait tous les moyens pour le détruire. M. Favrel lui-même en faisait ainsi l'énumération à son frère pour le tranquilliser et l'égayer : « Boissons avec toutes les ressources de l'herboristerie, sirops de toutes les compositions imaginables, pâtes de guimauve, de lichen, de jujube, etc., etc., emplâtre sur la poitrine, purgations, pilules faites de je ne sais quoi, drogues de tous genres, surtout en boisson; cette toux résista à tous les moyens... »

Puis il ajoutait spirituellement : « Tu ne diras plus du moins que je ne me soigne pas. Seulement je trouve qu'on est bien à plaindre quand une fois on est tombé entre les mains de la faculté. Je pensais aux vieux édifices, auxquels on ne peut pas toucher une pierre sans courir le danger de tout faire crouler. Je me disais que les médecins répareraient peut-être si bien mon vieil édifice, qu'ils feraient tout crouler. »

Enfin il eut recours à un moyen qu'il crut souverain : « Pour cette fois, disait-il, j'en sens l'efficacité; c'est de me couvrir de laine des pieds à la tête. Je me suis donc procuré des chemises de laine, et me suis enveloppé comme qui dirait M. Jacob, l'ancien curé de Champigny-sous-Varennes. Pour cette fois mon hôte incommode a quitté la place où il s'était si fortement ancré. Je sens une poitrine enfin dégagée. L'appétit qui avait un peu quitté le logis est revenu. Enfin cette misère est passée. »

Hélas! non, elle n'était pas passée, et le remède souverain ne produisit pas longtemps son effet. La vérité est que pendant six mois la faculté fut impuissante à découvrir la cause de cette toux opiniâtre et douloureuse. Elle ne la connut qu'au mois d'août 1852. « Enfin, écrivait alors M. Favrel, on a trouvé la source du mal. C'est une maladie de luette qui est extrêmement affaissée, prolongée et enflammée. Depuis dix jours on me fait des insufflations d'alun, et l'on appiique deux fois la pierre infernale. La luette s'est raccourcie par suite de ce traitement, et je ne suis plus du tout gêné à la gorge. Seulement, j'ai le palais encore bien enflammé à l'arrière bouche, ce qui m'occasionne encore une petite toux qui n'est rien... »

Mais cette petite toux ne quitta pas la place comme il le pensait. Elle reparut et le fatigua beaucoup en 1853 et 1854. Il écrivait au mois de janvier 1854 : « Le fait est que le tempéramment de la plus frêle demoiselle n'est peut-être pas si facile à impressionner que le mien. J'ai beaucoup de peine à sortir des rhumes; et lorsque je m'en crois débarrassé, si un peu de vent passe par le trou d'une serrure, il n'en faut pas davantage pour tousser 20 fois plus que le Père Janny. Je me fais pitié à moi-même de me trouver si minutieux. »

On croira peut-être que ces continuelles souffrances lui faisaient suspendre ses travaux. Nullement, et l'on est tout surpris de voir ce *vieil édifice,* continuellement battu par le vent des souffrances et près de crouler, porter vigoureusement le poids de travaux aussi graves que nombreux. Non-seulement il fait face à ses fonctions de vicaire-général et d'official du diocèse, mais il prépare et publie une troisième édition de son grand *Cérémonial,* se met à la tête d'un journal et organise un paroissien romain très-complet.

« Tu t'étonneras, écrivait-il gaiement à son frère le 21 avril 1854, que je fasse des paroissiens, des journaux, des cérémoniaux. Eh! bien, je ne puis plus bavarder de la langue, la gorge s'y oppose; je ne prêche plus, je ne chante plus. Ne faut-il donc pas que je cause autrement. Il est vrai que l'administration me donne à faire; mais il y a toujours quelque coin où l'on peut placer quelque chose qui lui est étranger. Et puis ne faut-il pas varier un peu? »

Le Paroissien dont il parle eut un vrai succès, non-seulement parce qu'il venait d'un auteur apprécié, mais encore parce qu'il était bien ordonné et fort complet.

Voici le jugement qu'il en portait lui-même : « Mon paroissien va être terminé. C'est un bon ouvrage. Il m'a demandé du travail. Sur la fin, j'ai été obligé de me faire aider par un prêtre; et cette fin n'est pas aussi soignée que le commencement. Cet ouvrage est bien complet; il aura mille pages à peu près. »

Quant au journal, il avait pour titre *La Société*. Ce n'est pas M. Favrel qui le fonda; mais peu à peu, tout en gardant l'anonyme, il en devint le principal rédacteur. Lui-même nous indique la part qu'il y prit, et les motifs de son intervention dans le journalisme.

« C'est toujours moi qui rédige *en entier* l'article intitulé : NOUVELLES DU DIOCÈSE. Bien plus, c'est à peu près moi qui dirige toute cette feuille. M. Poinsel va se retirer, et depuis longtemps il ne fait plus que la partie politique. Tu vas me dire que c'est un surcroît de besogne. Eh bien! cela me repose en faisant variété.

« Il est bien entendu qu'ici dans la ville d'Arras, on ne se doute pas que j'aie une part aussi active à la rédaction, et je ne voudrais pas qu'on le sût. Mais on aura beau écouter aux portes, on n'entendra pas que je te le dis. Il est bien entendu aussi que Monseigneur est au courant.

« Je vois là un grand bien, car le journal est un excellent moyen de répandre partout de bonnes doctrines, et de redresser beaucoup d'idées. Ordinairement les lecteurs d'un journal partagent ses manières de voir.

« Malheureusement nous n'avons pas des abonnés en suffisance. Mais en battant les buissons et en donnant un peu d'intérêt au journal, j'espère que cela viendra. Monseigneur vient de faire un appel en recommandant *La Société* dans deux circulaires, l'une au clergé, l'autre aux fabriques. »

Ses espérances de succès furent réalisées. Quelques semaines après il écrivait : « Depuis une quinzaine de jours, il n'y a plus que mon action dans le journal. Et vraiment j'ai l'amour propre de croire qu'il gagne. Tous ceux qui le lisent témoignent qu'ils sont contents, et nous gagnons tous les jours des abonnés. Je dirige le journal en entier. Cependant, comme tu le penses bien, quelqu'un m'aide pour le matériel et la correction des épreuves. Je fais notamment ce qui est signé : *E. Lefranc.* Si je me suis décidé à ce surcroît de besogne, c'est que j'ai l'espoir d'obtenir par là une grande action de l'Evêché sur le diocèse. »

Infatigable ouvrier, il mène de front et avec succès les travaux les plus disparates et les plus nombreux : administration des affaires ecclésiastiques, officialité, journalisme, organisation de Paroissiens et de Cérémoniaux. La maladie même est impuissante à lui faire suspendre ses travaux. Il faudra la mort pour l'arrêter.

Malheureusement elle accourt et n'est pas éloignée. Un mal aussi terrible et plus dangereux que le premier en fait pressentir la prochaine apparition. Quelle en est la nature? On ne sait; les médecins ordinaires n'osent se prononcer. Monseigneur Parisis est très-inquiet de cette nouvelle complication, et fait appel aux lumières des plus célèbres docteurs de la faculté d'Arras. « Hier, écrit M. Favrel, Sa Grandeur a « voulu adjoindre à mes docteurs les plus « gros bonnets de la faculté. Ils ont déclaré « que la maladie consistait dans un rétré- « cissement spasmodique de l'intestin ap- « pelé *cœcum*. Ils affirment que je n'en

« mourrai pas; que seulement ma guéri-
« son demande un bien long temps et de
« grandes précautions. »

Une seconde réunion des médecins amena le même résultat. « Le grand sanhé-
« drin des docteurs de la faculté, écrit-il à
« sa famille, s'est encore réuni mercredi.
« La troisième réunion aura lieu demain.
« Jusqu'alors ils se sont bornés à me
« mettre au régime des grenouilles, ce qui
« me fait leur dire en plaisantant qu'ils
« me traitent en végétal, en me condam-
« nant à ne vivre que d'arrosements. Je
« crois du reste que le régime m'a très bien
« fait... Quoi qu'il en soit, tout le monde
« maintenant est rassuré sur mon compte.
« Faites donc comme tout le monde. »

Cette lettre est du 2 mars 1855. Dès lors la maladie fit de rapides progrès. L'inquiétude était profonde dans le diocèse d'Arras comme à l'évêché, car M. Favrel était universellement aimé. Pour répondre aux désirs du clergé, l'excellent journal *La Société* crut devoir, dans les derniers jours, donner le bulletin de l'état du vénérable malade, bulletin chaque jour plus désespérant.

28 mars : « Les médecins viennent de déclarer que leur art était impuissant pour sauver la vie à M. l'abbé Favrel, vicaire-général du diocèse d'Arras. Il n'y a plus que Dieu seul qui puisse conserver à notre évêque un ami dévoué, à notre diocèse un habile administrateur. »

29 mars : « Monseigneur ne quitte pas depuis deux jours le chevet de son digne vicaire-général, dont l'état ne laisse plus d'espoir. A chaque instant les nombreux amis de M. l'abbé Favrel s'attendent à une catastrophe, qu'il voit venir lui-même avec la plus touchante résignation. »

Hélas! cette catastrophe était proche en effet. Par une heureuse et admirable coïncidence, elle arriva le lendemain vendredi, fête de Notre-Dame des Sept-Douleurs, pour laquelle il avait une grande dévotion, et, de plus, à l'heure même où mourut le divin Maître qu'il avait si bien servi. Voici comment le même journal l'annonce à ses lecteurs : « Hier vendredi 30 mars à trois heures et quart, notre vénérable vicaire-général Pierre Favrel a rendu son âme à Dieu. Il est mort dans les bras de Sa Grandeur qui ne l'avait pas quitté depuis trois jours. Il était assisté à sa dernière heure par MM. de la Tour d'Auvergne, son collègue, et par M. l'abbé Lequette, directeur au Grand-Séminaire, son confesseur, qui aussi ne quittait le chevet du malade que pour se rendre où le devoir de sa charge l'appelait... »

« Il y avait encore quelques uns de ses amis, et les bonnes sœurs de la Providence qui lui avaient prodigué leurs soins pendant sa longue maladie.

« S'il fut bien doux pour nous d'assister au triste spectacle de la mort d'un ami qui nous était tout dévoué, de celui qui nous servait de père, il fut aussi bien consolant de voir ce digne prêtre s'endormir du sommeil des justes.

« Après une agonie de trois jours, le calme s'était tout-à-coup rétabli, et son âme s'envola sans effort vers Celui qui l'avait créée et au service de qui elle fut tout entière. Monseigneur avait pu encore, quelques heures auparavant, être reconnu par le malade, et les bonnes paroles qu'il lui adressait étaient parfaitement comprises. M. Favrel embrassait avec amour le Christ chaque fois qu'on le lui présentait.

« La douleur profonde de notre vénérable Prélat se trahit, malgré toute la force de son âme, et c'est aux pieds du crucifix, près des restes inanimés de son ami de vingt ans, que Sa Grandeur trouve la résignation dans un si grand malheur.

« Nous qui connaissons M. Favrel seulement depuis quelques années, nous savons apprécier ce qu'était son amitié, et il nous faut l'exemple de patience et de résignation de notre Prélat pour contenir notre profonde douleur.

« Nous savons tous les regrets que laisse M. Favrel au milieu de ses confrères du clergé, et combien l'affection de tout le diocèse d'Arras lui était acquise.

« Il suffisait de le connaître pour l'aimer. »

Ainsi parle le journal d'Arras. Nous avons teuu à le reproduire fidèlement pour montrer les sentiments d'affection et de respect que M. Favrel avait su se concilier en si peu de temps dans tout le diocèse d'Arras. Nous allons en voir de nouvelles preuves.

M. l'abbé Favrel devait être inhumé au cimetière de Saint-Geosmes, conformément au vœu formellement exprimé par le pieux curé de cette paroisse, et agréé par le digne vicaire-général. Ses restes devaient donc y être transportés tout après sa mort. Mais Mgr Parisis ne le voulut pas, et décida que les obsèques n'auraient lieu que le lundi suivant; car Sa Grandeur ne pouvait se séparer de son cher et fidèle vicaire-général. Elle voulait d'ailleurs laisser aux nombreux amis du vénérable défunt le temps de venir lui payer leur tribut de regrets et de prières.

Monseigneur ne se trompait pas, et il put voir, durant les quatre jours qui s'écoulèrent entre la mort et les obsèques, combien sa douleur était partagée, non seulement par les membres du clergé, mais par toutes les classes de la société. On ne se lassait pas de venir contempler ces traits que la mort avait respectés, et où se peignaît une expression de douceur ineffable.

Mais rien ne fut touchant comme les obsèques, qui furent présidées par Monseigneur Parisis lui-même.

La ville entière semblait s'être associée

à la profonde douleur du Prélat. Le cortége se composait des vieillards des deux sexes, des orphelins et des orphelines, des élèves des écoles chrétiennes et des trois séminaires, du clergé des diverses paroisses de la ville, et du vénérable Chapitre.

Le corbillard était très richement orné. Les quatre cordons étaient tenus par Messieurs Parenty et Proyart, vicaires-généraux, Mofait, archiprêtre de la cathédrale, et Portemart, supérieur du Grand-Séminaire. M. l'abbé Lequette, aujourd'hui évêque d'Arras, alors professeur de théologie et confesseur du défunt, conduisait le deuil qui était représenté par MM. de la Tour d'Auvergne et des Billiers, vicaires-généraux.

M. l'abbé Dubois, doyen du Chapitre, officiait. Mgr Parisis, malgré sa profonde affliction, voulut donner un gage suprême d'affection à son cher vicaire-général en présidant à cette lugubre cérémonie et en faisant l'absoute.

Le nombre des assistants était immense. Beaucoup de prêtres étaient accourus de tous les points du diocèse, et un certain nombre de dames avaient pris le deuil à l'occasion de cette mort prématurée.

Ensuite les restes vénérés du défunt furent amenés par M. Lequette dans la paroisse de Saint-Geosmes où ils devaient être inhumés. Les funérailles y furent célébrées le mercredi de la semaine sainte. Malgré ce fâcheux contre-temps, les cérémonies funèbres s'accomplirent avec une solennité touchante. MM. Barillot et Vouriot, vicaires-généraux titulaires de Monseigneur l'évêque de Langres, MM. Lamy et Manois, supérieurs du Grand et du Petit Séminaires, le vénérable Chapitre de la cathédrale, bon nombre de directeurs et professeurs des séminaires, la plus grande partie du clergé de la ville et beaucoup de prêtres du voisinage étaient accourus pour rendre les derniers devoirs à cet excellent prêtre qui avait été pour plusieurs un guide sûr, pour tous un ami plein de dévouement.

M. Barrillot prononça l'oraison funèbre. Nul ne pouvait mieux remplir cet office que l'ancien supérieur des séminaires qui avait pu si bien apprécier les qualités de M. Favrel, soit comme élève, soit comme missionnaire de St-Geosmes, soit comme vicaire-général. Il s'en acquitta avec ce cœur, ce tact et ces ressources oratoires qu'il avait jadis déployées lorsqu'il était encore dans la fleur de l'âge et du talent. Il montra comment cette mort prématurée était à la fois un sujet de deuil et de joie. Sujet de deuil pour Mgr Parisis, pour les diocèses de Langres et d'Arras, pour ses parents et ses nombreux amis. Sujet de joie, parce que la mort est le signal du bonheur éternel dont Dieu récompense ses vaillants serviteurs. Or qui jamais, du berceau à la tombe, défendit avec plus d'énergie et de persévérance les intérêts sacrés de Jésus-Christ et de l'Eglise?

Cette magnifique improvisation produisit un grand effet sur l'auditoire.

D'un autre côté, Mgr Parisis, dont le cœur fut si profondément déchiré par ce coup terrible, traçait un éloge non moins honorable de M. Favrel dans ces quelques lignes qu'il adressait à ses prêtres : « Vous « avez bien voulu, Messieurs, leur écri- « vait-il dans une circulaire du 3 avril « 1855, vous associer à Notre profonde « douleur, et comprendre le vide que lais-

« sait autour de Nous la perte irréparable « d'un ami éprouvé, d'un collaborateur « infatigable, d'un prêtre aussi intelligent « que modeste, aussi ferme dans ses prin- « cipes que facile dans ses rapports, aussi « dévoué au bien qu'oublieux de lui- « même.

« Nous vous remercions affectueuse- « ment de votre sympathie. La haute estime « que vous avez conçue de M. l'abbé « Favrel vous honore à Nos yeux ; et l'at- « tachement dont il a reçu, en Nous quit- « tant, des témoignages si unanimes dans « le diocèse et spécialement dans cette « ville, Nous y attache nous-même de plus « en plus. »

Ami éprouvé! collaborateur infatigable! prêtre intelligent et modeste! ferme dans ses principes et facile dans ses rapports! dévoué aux autres et oublieux de lui-même! De telles paroles, tombées de si haut, nous excitent à étudier plus intimement la vie de ce modèle des prêtres.

CHAPITRE XI.

Vertus théologales : foi, espérance, charité.

Après avoir retracé les actes admirables qui ont marqué tous les instants de cette trop courte existence, nous voulons rechercher ce qui en fut le principe, l'âme, le ressort, afin que nous puissions plus facilement l'imiter.

Ce principe, il est essentiellement dans la pratique des vertus chrétiennes.

Certes nous ne voulons pas nier les dons naturels qui ornaient son âme. Il était doué d'une heureuse mémoire. Son esprit saisissait promptement les vérités, et son jugement appréciait sainement les choses.

Les dispositions du cœur étaient peut-être plus excellentes encore. Son père et sa mère, ses frères et ses sœurs, ses condisciples et tous ceux qui l'ont connu dans son enfance et sa jeunesse, sont unanimes à exalter sa franchise, la candeur de son âme, sa droiture, la simplicité de ses relations, l'obligeance de ses procédés, la bonté et le dévouement de son cœur.

Mais ces bonnes dispositions n'étaient encore qu'un germe fragile qui se serait peut-être desséché au souffle brûlant des passions. Si elles s'épanouirent et produisirent les admirables fruits de vertu que nous avons à raconter, c'est surtout au bienfait de la grâce divine que nous devons l'attribuer.

La foi, qu'il avait reçue au baptême, se développa sans peine dans tout le cours de ses premières années. Heureux enfant! rien dans sa famille ne contrariait son acquiescement aux vérités chrétiennes. Au contraire, tout était de nature à le développer dans son cœur. Son père et sa mère étaient sincèrement attachés à la religion. La prière se faisait ordinairement en commun quand elle n'avait pas lieu dans le saint temple. On aimait les lectures dans la Bible ou dans la vie des saints. Le Souverain Pontife, les Evêques et les prêtres étaient l'objet de la vénération, de la reconnaissance et de l'amour le plus profonds. Les lois de Dieu et de l'Eglise étaient observées avec une parfaite exactitude; et nous avons vu avec quelle scrupuleuse régularité le dimanche et les fêtes étaient sanctifiés. Comment s'étonner que la foi de l'enfant ait pris de si profondes racines?

Lorsque, bien jeune encore, il quitta sa famille pour se rendre près de M. l'abbé Bailly, son oncle maternel, il eut sous les yeux des spectacles plus édifiants encore; car ce vénérable curé était un saint. C'est la réputation qu'il a laissée dans l'esprit de ses paroissiens et de tous ses confrères.

Il est vrai que dans certaines classes du collége, M. l'abbé Favrel ne trouva plus ces beaux exemples d'édification. Certains professeurs venus de l'école normale supérieure, se permettaient trop souvent de lancer des traits sarcastiques sur les livres saints, sur l'Eglise et sur les mystères de la religion. Mais ces sorties aussi déplacées qu'ignorantes, n'avaient pas d'autre effet que de lui inspirer le plus vif mépris pour ces maîtres indignes. Sa foi n'en souffrit aucune atteinte. Elle sembla même grandir à la vue de ces attaques, et nous la verrons produire des fruits admirables de piété, de patience et de mortification.

Son espérance n'était pas moins vive. Le bonheur éternel et ineffable que nous promet l'infinie libéralité du Seigneur, la vue de Dieu face à face dans des transports d'allégresse, la société de la très sainte Vierge, des chœurs angéliques et des bienheureux formaient comme le fond habituel de sa pensée. C'est elle qui ranimait son courage dans les travaux et dans les épreuves de la vie. C'était elle qui lui inspirait cette complète indifférence ou plutôt ce mépris pour les richesses si fragiles et si caduques de la terre.

Et son espérance était parfaitement entendue. Elle ne reposait aucunement sur l'idée de ses propres mérites. Bien que sa vie n'ait été qu'un exercice perpétuel d'actes de dévouement pour Dieu, pour l'Eglise et pour le prochain, il ne fondait sa confiance que sur les mérites de Notre Seigneur et des saints. Ses lettres étaient souvent surmontées de ces cinq initiales si mystérieuses pour la plupart de ses lecteurs : P. D. N. J. C. Ce n'était que le résumé de sa chère devise : *Per Dominum Nostrum*

Jesum Christum; tout nous vient par Notre Seigneur Jésus-Christ.

Cette douce pensée du ciel qui charmait les douleurs de son exil, M. Favrel ne la cachait pas au fond de son cœur; il cherchait à faire connaître ce trésor, non seulement dans ses discours et ses conversations, mais encore par ses lettres. Le 29 mai 1834, il écrivait à sa sœur Catherine : « C'est au ciel, ma chère enfant, « qu'il faut nous donner rendez-vous. » Et une autre fois, le 18 février 1836 : « Il « n'y a point de distance pour les âmes. « Nous nous trouverons toujours dans les « Sacrés-Cœurs, et puis dans le ciel! » Enfin le 30 mars de la même année : « Trouvez-vous avec moi dans les saints « cœurs de Jésus, Marie, Joseph, avec l'es- « pérance d'une réunion qui durera l'éter- « nité! »

Si la foi et l'espérance étaient si vives dans le cœur de M. Favrel, on pense bien que la charité n'en était pas absente. Elle y brillait au contraire d'un éclat particulier. Si la marque la plus sûre de la charité est l'accomplissement de la volonté divine, on peut dire que l'âme de M. Favrel en était tout embrasée. Tout pour Dieu, tout pour sa sainte volonté, tout pour sa gloire, tout pour son amour, voilà sa devise, voilà l'unique but de ses pensées, de ses désirs, de ses démarches, de ses travaux, de ses mortifications, de ses souffrances. Pour connaître cette volonté sainte, il ne négligeait aucun moyen : il consultait, il priait et faisait prier, il communiait. Aussitôt qu'elle lui était clairement manifestée, c'était l'unique phare qui l'éclairât, la seule boussole qui le dirigeât. Dès lors nulle crainte, nulle difficulté, nulle considération humaine ne pouvaient plus l'arrêter : Dieu le veut, disait-il, c'est bien; et il le faisait.

Quel avenir Dieu lui réservait-il sur la terre? serait-il heureux ou non, glorieux ou non? Il n'en avait aucun souci. Il ne tenait même pas à le savoir, pourvu qu'il fût sur la route tracée par la main de Dieu. Le 23 septembre 1831, il écrivait à la vénérable madame d'Houët : « Je soupire après l'instant où il plaira au bon Dieu de me mettre dans une voie conforme à ses vues. *Au reste je dois aimer à ne pas voir clair.* La sainte volonté du bon Dieu! »

Certes la nature lui tenait souvent un

autre langage. A Vannes, par exemple, après la mort de son oncle Monseigneur Garnier, la raison lui criait : « Reste ici, ta position est brillante et assurée. » Mais la voix de Dieu l'appelait ailleurs : « Retourne à Langres où t'attend une vie pauvre et laborieuse. » Et il venait à Langres.

En 1851, au moment où Mgr Parisis fut transféré à l'évêché d'Arras, la même tentation reparut : « Revenez au milieu « nous, lui écrivait son frère; vous êtes « épuisé, vous trouverez à Langres un « repos honorable et nécessaire... »

Le pieux vicaire-général répondait : « Ta lettre laisse percer une sensibilité « qu'il faut surmonter. *En toute chose il « faut voir la volonté de Dieu.* Je crois « que ma transmigration est dans cette « volonté sainte; eh! bien, *fiat.* »

Il partit donc à Arras, et il n'eut pas lieu de s'en repentir, car peu de temps après il écrivait à ce frère qu'il n'avait qu'à se féliciter de la détermination qu'il avait prise, et ajoutait aussitôt : « Rien de tel que d'aller où le bon Dieu nous pousse. »

La volonté de Dieu était pour lui comme le Thabor où il se complaisait, à l'exemple de son glorieux patron saint Pierre. C'est de ces sublimes hauteurs qu'il jugea tous les événements publics, comme les révolutions de 1830 et de 1848, ainsi que les fléaux qui assaillent l'humanité corrompue.

Et c'est là aussi qu'il se plaça pour donner ses conseils. En 1829 il écrivait de Châteauroux à madame d'Houët qui avait dans cette ville un de ses précieux établissements : « Ma première idée était que vous « deviez quitter ce pays-là. Cependant, « après y avoir pensé mûrement, je crois « que ce ne serait *ni la gloire de Dieu, ni* « *sa volonté.* » Il écrivait dans le même sens à sa sœur Catherine : « Ne tenons « jamais qu'à la sainte volonté de Dieu, et « à sa gloire. » Et une autre fois : « Ma « chère enfant..., je ne demande pour vous « rien autre chose que la volonté de Dieu. » M. Favrel était donc tout brûlant d'amour pour Dieu.

Mais la vraie charité n'embrasse pas seulement Dieu, elle s'étend à tous les hommes, elle veut à tout prix les conduire au ciel, qui est le bien par excellence, parce qu'il satisfait éminemment toutes nos facultés et qu'il ne finira jamais. Or M. Favrel désirait ardemment procurer ce bonheur aux hommes. Et pour obtenir ce sublime résultat, il n'épargna rien.

Il n'a que 23 ans, il n'est pas encore honoré de l'onction sacerdotale, il n'est encore que diacre, et déjà nous le voyons enrôlé dans la société des missionnaires diocésains que vient d'ériger le zèle de Mgr Dubois. Il traverse les phases pénibles de cette société naissante qui se voue sans relâche à l'apostolat des retraites et des missions. Dès lors il se donne tout entier, sa parole, ses talents, ses travaux, ses peines et ses joies, ses jours et ses nuits, pour éclairer les âmes, les toucher, les convertir, les purifier, les sauver.

Après 6 ans de ce labeur contiuuel, épuisé par le travail et les fatigues, il se rend en Bretagne à l'appel de son grand oncle, Mgr Simon Garnier. Là une position tranquille et honorable lui est assurée par son pieux et docte parent. Il la quitte aussitôt pour reprendre la vie pauvre et difficile du ministère évangélique, parce qu'il espère sauver un plus grand nombre d'âmes.

En 1829, il lui semble que l'apostolat sera plus fécond s'il le rattache plus étroitement à Dieu par le lien sacré d'un Institut religieux et des vœux solennels; et il fonde, de concert avec madame d'Houët, la société des prêtres du Sacré-Cœur, qui se vouaient à l'enseignement et à la prédication.

La révolution de 1830 brise l'œuvre des missions et met en péril la Société naissante. Aussitôt M. Favrel se met à la disposition de l'autorité diocésaine, et pendant 5 ans on le voit successivement sur tous les points du diocèse, à Arbigny-sous-Varennes, à Vicq, à Biesles, à Bettaincourt, à Roches, à Joinville, à Wassy, à Saint-Dizier, à Juzennecourt, à Rolampont, à Doulainconrt, en un mot partout où surgissent des besoins impérieux, partout où le réclame le soin des âmes.

En 1835, Mgr Parisis l'appelle dans ses conseils et dans son intimité. M. Favrel se donne entièrement à son Evêque, à tous les membres du clergé et à tous les fidèles du diocèse, méritant de son auguste protecteur cet éloge aussi court que complet : « C'était « un collaborateur infatigable, tout dévoué « au bien et oublieux de lui-même. »

Cette appréciation de l'illustre Prélat sur le dévouement de son vicaire-genéral était partagée de tous ceux qui l'ont connu. Le docte et vénérable curé-doyen d'Auberive nous écrivait récemment : « Bonté, dévoue-« ment, zèle, franchise, droiture et simpli-« cité, voilà ce qui captivait mon estime et « mon attachement pour lui. »

Il est donc vrai que M. Favrel possédait à un haut degré la vertu de charité, aussi bien que celle de foi et d'espérance.

CHAPITRE XII.

Dévotion admirable envers N.-S. Jésus-Christ, la très-sainte Vierge et l'Eglise catholique.

Ces trois sœurs ne sont jamais solitaires ni stériles ; elles engendrent toujours des dévotions admirables, ainsi que les vertus intellectuelles et morales. On pense bien que l'âme de M. Favrel, si pure, si droite, si bonne, fut un terrain merveilleux propice à l'efflorescence de ces dons célestes.

Nous avons montré plus haut combien il était dévoué à la sainte volonté de Dieu, à la gloire de Dieu, comment ces admirables devises : *la volonté de Dieu, la gloire de Dieu,* se lisaient souvent à l'en-tête de ses lettres.

Sa dévotion pour Notre-Seigneur Jésus-Christ n'était pas moins vive. Il se plaisait à méditer les diverses phases de sa vie sur la terre depuis le berceau jusqu'à la tombe.

La naissance de l'Homme-Dieu le ravissait; il en faisait l'objet fréquent de ses méditations. Et ses méditations n'étaient pas une froide contemplation de ces augustes mystères; son cœur s'embrasait d'amour. Sentant alors son impuissance à célébrer dignement les tendresses du divin Enfant pour les hommes, il invitait ses auditeurs et toutes les créatures à s'unir à lui, s'écriant avec le séraphique S. François d'Assise : *Amemus Puerum de Bethléem. Amemus Puerum de Bethléem.* Aimons l'Enfant de Bethléem; aimons l'Enfant de Bethléem.

Ce n'était pas assez. Persuadé que Jésus était venu sur la terre pour être le modèle de tous les hommes, M. Favrel s'efforça toute sa vie de l'imiter, et nous verrons que toutes les vertus qu'il nous reste à exposer dans la vie de ce grand serviteur de Dieu, son humilité, sa modestie, son détachement des biens terrestres, ses mortifications, sa douceur, son amour pour le travail, étaient inspirés par le désir de suivre les traces de l'Homme-Dieu dans sa vie publique.

Mais les souffrances de Jésus-Christ étaient plus particulièrement l'objet de ses réflexions. Il ne pouvait même contempler les mystères de l'enfance du Sauveur sans que son esprit et son cœur, devançant l'heure marquée par les décrets éternels, se reportassent déjà vers les douleurs de la passion. Pour lui, la crèche de Bethléem touchait la croix du Golgotha. « Vous voyez Jésus enfant, disait-il aux Annonciades de Langres ; il offre ses petites mains, ses petits pieds, tous ses membres, et il se laisse mettre au maillot. Il pensait déjà aux cordes qui devaient le lier au jardin des Olives, et à celles qui devaient un jour l'attacher à la colonne de la flagellation, aux clous qui devaient l'unir au bois de la croix. Dans cette pensée il recevait le maillot de bon cœur pour nous délier des chaînes de nos péchés. Etroitement serré dans ce maillot, le petit Enfant se tourne vers nous, et nous invite à nous unir étroitement à lui par les liens de son amour. »

Cette considération sublime enflamme son cœur et fait naître aussitôt les plus belles et les plus courageuses résolutions de nous enchaîner inébranlablement à Dieu, de renoncer à notre propre volonté, et de mourir à nous-mêmes. « O amour divin, s'écrie-t-il, vous seul avez pu rendre mon Dieu prisonnier! Et nous, ô saint Enfant Jésus, nous refuserions de nous laisser lier par votre amour!

« Vous êtes lié, Seigneur, dans cette crèche, pour l'amour de moi; je veux donc être sans cesse lié avec vous. Pourrais-je encore rompre vos douces et aimables chaînes, pour me laisser lier par celles de ma propre volonté?

« Vous désirez que je sois l'esclave de votre amour, c'est à cette fin encore que vous êtes comme lié et emprisonné dans la sainte Eucharistie sous les espèces sacramentelles. Faites-moi donc mourir à moi-même, afin de ne vivre que de votre amour... »

Si les langes sacrés de Bethléem nous prêchent si éloquemment l'amour de Dieu et le sacrifice de notre volonté, quel langage ne tient pas la crèche où Marie dépose le divin Enfant. « On ne voit, dit M. Favrel, « ni berceau, ni laine, ni plume, mais seu- « lement une crèche en bois : *Positum in* « *præsepio.* » Qu'est-ce à dire? Pourquoi Jésus-Christ a-t-il voulu que sa naissance fût entourée de cette circonstance? Ecoutons M. Favrel : « Ce divin Enfant « voulait nous apprendre à mortifier nos « sens. Le monde s'était perdu par la satis- « faction des sens; il sera sauvé par la « mortification! » Puis il terminait son instruction par cette pensée profondément théologique et qui nous montre notre bon Sauveur accomplissant l'œuvre de la rédemption dès son entrée dans la vie. « Le Verbe incarné, disait-il, nous prêche de sa crèche l'amour de ses souffrances,... il commence dès lors l'office de Rédempteur. »

L'amour de Jésus souffrant lui inspirait une dévotion très ardente pour le saint sacrifice de la messe, qui est le mémorial des douleurs infinies de Jésus-Christ pour nous. Aussi avait-il pris la résolution de le célébrer tous les jours. « Je ne me priverai, « écrivait-il dans son réglement de vie, du « bonheur de célébrer le saint sacrifice « chaque jour, que par raison d'impossi- « lité ou sur l'avis de mon directeur. »

Et cette célébration n'était pas à ses yeux une cérémonie vulgaire et sans importance, mais au contraire un acte plein de grandeur et de sainteté. Comme les bons prêtres, il ne s'approchait de l'autel qu'après avoir fait une digne préparation, et ne manquait jamais de faire une longue action de grâces. « Ordinairement, lisons-nous « dans son réglement, je ferai un quart « d'heure de préparation et un quart « d'heure d'actions de grâces immédiate- « ment avant et après la sainte messe. »

Pendant la célébration même du sacrifice, il ranimait sans cesse sa ferveur par la pensée de Notre Seigneur Jésus-Christ, qu'il appelait le grand Modèle, c'était encore une de ses résolutions. « Autant que possible, disait-il, tant à la sainte messe que dans la récitation de l'office j'aurai devant les yeux Jésus le grand Modèle, pour tout dire et tout faire *digne, attente, ac devote.* »

Mais Jésus-Christ ne se contente pas de renouveler son immolation sur nos autels. Il a porté l'excès de sa tendresse jusqu'à résider continuellement, jour et nuit, dans nos saints tabernacles, pour y recevoir l'hommage de ses enfants et y répandre ses bienfaits. M. Favrel était profondément touché de ces inénarrables prévenances, et s'efforçait de répondre chaque jour à ces transports de l'amour divin : « Je ferai, « disait-il, chaque jour sur le soir une « visite d'un quart d'heure au Saint-Sacre- « ment; s'il m'était impossible de le faire « en réalité, je l'accomplirais du moins en « esprit et *in voto.* » Puis il ajoutait ces quelques mots où respire déjà l'esprit de mortification que nous aurons à décrire plus loin. « Si j'y manquais, je réciterais, « le soir avant de me coucher, 5 *pater,* « 5 *ave* et 5 actes de contrition les bras en « croix. » Voilà le vrai prêtre! voilà l'ami fidèle de Jésus-Christ.

Et nous n'avons pas tout dit. Un esprit aussi profond et aussi tendre ne pouvait arrêter là son essor. Il pénètre jusqu'à la source des merveilles du divin amour, jusqu'au Cœur adorable de Jésus. Parmi les nombreuses dévotions qui embrasaient son âme, aucune n'était plus vive ni plus continuelle. Il semble que cette pensée du Cœur sacré de Jésus ne le quittait pas. Ce doux souvenir reparaît sans cesse dans ses lettres : « Ma chère enfant, écrivait-il à sa « sœur Catherine le 2 novembre 1833, rien « ne nous empêchera de nous trouver dans « les saints Cœurs de Jésus et de Marie.

« C'est là que je vous donne rendez-vous.
« Je vous y laisse. Priez-y pour votre
« affectionné frère et parrain. » Et une autre fois le 19 mai 1834 : « Trouvons-nous
« dans le sacré Cœur de Jésus. Quelque-
« fois je m'y trouve avec vous, et ce m'est
« une grande consolation. La distance
« n'éloigne pas ceux que la charité unit.
« Dans le cœur adorable de Notre-Sei-
« gneur, vous m'êtes présente comme si
« vous étiez ici... C'est là le centre de nos
« affections comme c'en est le but. » Et encore à la même religieuse : « Ecrivez-
« moi plus souvent, on vous le permet. Si
« vous n'avez rien à me marquer, dites que
« vous m'avez trouvé dans le divin Cœur
« de l'aimable Sauveur, et je serai bien
« content. C'est là que je vous invite. Qu'il
« soit loué, béni et adoré à jamais! »

Nous arrêtons, car il faudrait faire d'innombrables citations. Nous ne pensons pas qu'il ait écrit une seule lettre à cette pieuse sœur sans rappeler le nom de ce Cœur adorable.

Veut-on encore une autre preuve de cette dévotion? La société des prêtres qu'il institua de concert avec la vénérable

Madame d'Houët, portait le nom de *Prêtres du Sacré-Cœur*. Ce titre est plus éloquent que toutes nos paroles.

Maintenant, est-il besoin de dire que M. Favrel était un très dévot serviteur de Marie? Non, car le culte du Fils appelle nécessairement celui de la mère. Comment ne pas vénérer la créature incomparable qui a mérité de porter le Très-Haut dans son sein virginal? Comment ne pas aimer cette glorieuse fille de David et de Salomon, qui, par amour pour nous, a voulu vivre dans l'obscurité, la pauvreté, et qui a sacrifié son fils unique pour notre salut? Comment n'avoir pas confiance en Celle qui nous a été léguée pour mère par Jésus-Christ lui-même, et que la sainte Eglise invoque sous les titres consolants de *Mère aimable, Mère admirable, Refuge des pécheurs, Secours des chrétiens* et *Consolatrice des affligés?*

Ces glorieux titres de notre Mère du ciel, Pierre Favrel les avait appris sur les genoux de sa pieuse mère de la terre, Colette Bailly. Lorsque sa langue commença à se délier, c'était pour bégayer les doux noms de Jésus et de Marie et pour réciter le *Pater* et l'*Ave Maria*, les plus beaux noms et les plus belles prières de la terre. Sa confiance en sa divine Mère était parfaite. Nous l'avons entendu, petit enfant, demander à la très-sainte Vierge, avec une ferveur et une ingénuité qui furent récompensées, la jeune perdrix qui lui avait été confiée et qui avait pris son vol par suite d'une imprudente curiosité.

Les années ne firent que développer ces admirables sentiments à l'égard de Celle qu'il appelait « la bonne et tendre Mère. » Dans les missions, il ne manquait jamais de célébrer ses louanges, particulièrement sa puissance et sa miséricorde envers les pécheurs.

Il cherchait également à répandre la dévotion au saint Cœur de Marie. Dans ses prédications, il aimait à unir le Cœur de cette Mère bénie au Cœur adorable de son divin Fils; et ses lettres contiennent souvent des exhortations analogues à celle-ci : « Trouvons-nous tous les jours dans les « saints Cœurs de Jésus, de Marie et de « Joseph. »

Il ne se contentait pas de faire des recommandations en faveur du culte de Marie.

Sur ce point comme sur tous les autres il prêchait d'exemple. Chaque jour il disait son chapelet. Il s'en était même fait une loi, car nous lisons dans son règlement : « Autant que je pourrai, je réciterai chaque « jour le chapelet. Si, par extraordinaire, « cette pratique m'était impossible, ces « jours-là même je ne me coucherais « jamais sans avoir adressé quelques « prières spéciales à la T.-S. Vierge. »

Certes, cette récitation quotidienne du chapelet n'a rien d'extraordinaire. Quel est le prêtre, quel est le vrai chrétien qui n'accomplissent cette pratique? Mais ce qui est plus rare et plus méritoire, c'est d'en prendre l'engagement écrit, et c'est ce qu'avait fait M. Favrel.

Au reste, ce n'était pas la seule dévotion qu'il accomplît envers la T.-S. Vierge. En prononçant son oraison funèbre, M. Barrillot exaltait la sagacité de son esprit, une sorte d'intuition qui le faisait pénétrer dans la pensée de l'Eglise catholique. C'est en vertu de cette admirable perspicacité, fruit de la droiture de son esprit aussi bien que de la pureté de son cœur, qu'il crut toujours au privilége de l'Immaculée-Conception de la bienheureuse Mère de Dieu. Non-seulement il croyait à cette glorieuse et incomparable prérogative, mais il l'honorait et la proclamait hautement : « La loi « de malédiction, disait-il, n'a jamais été « pour la fille bien-aimée du Roi de gloire. » Il faisait plus. Dès 1834, c'est-à-dire vingt ans avant la définition solennelle de ce dogme, il avait pris la résolution d'ajouter à l'office canonial « le petit office de l'Im-« maculée Conception. »

En un mot, après Dieu et Notre-Seigneur Jésus-Christ, la très-sainte Vierge était l'objet le plus ordinaire de ses pensées, de ses affections et de ses pratiques. Il ne faisait aucune entreprise importante sans la recommander à « sa bonne Mère du ciel. » Prononce-t-il ses vœux de pauvreté, de chasteté et d'obéissance perpétuelle, c'est « devant la très-sainte Vierge Marie et « toute la cour céleste. » Ecrit-il son testament, c'est en implorant la miséricorde divine et « en se jetant entre les bras de la « très-sainte Vierge Marie, Mère de Dieu. » Enfin, quand la mort accourt à son chevet de douleur, il sollicite des neuvaines dans toutes les communautés de la ville d'Arras, afin que la bonne Mère qu'il a tant aimée le protége à l'heure suprême et décisive, et lui fasse partager sa gloire éternelle.

Il est difficile de porter plus loin le culte de la très-sainte Vierge.

L'amour de la sainte Eglise n'était ni moins profond ni moins actif dans son cœur. Aussi bien, comment aimer ardemment Jésus-Christ sans aimer l'Eglise? N'est-elle pas son épouse bien-aimée? N'est-elle pas sortie de son cœur entr'ouvert? D'ailleurs n'a-t-elle pas mission d'éclairer nos esprits au milieu des erreurs et des obscurités de la terre, et de nous tracer nos devoirs? N'est-elle pas pour nous la meilleure des mères, notre bienfaitrice continuelle? Nous devons donc croire toutes les vérités qu'elle enseigne, observer tous ses commandements, l'aimer du fond de notre cœur, et nous attacher indissolublement à elle.

Or ces devoirs du chrétien envers l'Eglise, M. Favrel les pratiqua parfaitement. Nous croyons même pouvoir affirmer qu'aucun prêtre de notre diocèse n'eut plus d'attachement que lui pour le Saint-Siége. En tout cas nul ne le manifesta à un si haut degré.

Non-seulement il exécutait ses ordres, mais, avec cette étonnante sagacité que nous avons eu lieu de constater et d'admirer, il les pressentait; et aussitôt, en fils aimable et docile, il entrait dans les vues de sa Mère.

Ainsi, bien des années avant que le Bréviaire romain n'eût été rétabli dans notre diocèse, il le récitait en son particulier, parce qu'il savait que telle était la pensée du Saint-Siége. Et s'il déploya tant d'activité pour la restauration et la propagation des cérémonies romaines, c'était toujours en vue de seconder les efforts de la sainte Eglise. Lorsqu'il vit le mouvement s'accentuer en faveur de ces rites vénérables, sa joie fut au comhle. Il conjurait la supérieure des Annonciades de l'aider à bénir Dieu de ce retour merveilleux aux doctrines et aux prières du Siége Apostolique. « Il « faut, lui écrivait-il en 1838 dans une lettre « curieuse et qui respire un légitime en- « thousiasme, il faut aussi que je vous « fasse part d'une de nos consolations, « pour que vous nous aidiez à remercier le « bon Dieu. On demande de toutes parts « des livres romains; et voilà que nous

« sommes presque en défaut. Le Grand-
« Séminaire récite exactement l'office ro-
« main. Le Chapitre le prendra, selon
« toutes les apparences, au 1er dimanche de
« l'Avent. L'opposition, vaincue par la ma-
« jorité, met bas les armes. Plus de cent
« Bréviaires romains sont demandés d'un
« seul coup.

« Je travaille au cérémonial qui doit être
« installé à la cathédrale le jour de Noël.
« C'est le romain tout pur. Mon travail
« consiste uniquement à l'adapter aux
« lieux.

« Quand on pense qu'il y a seulement
« cinq ans nous n'étions dans tout le dio-
« cèse que deux prêtres récitant cet Office,
« vraiment il y a de quoi bénir sans fin le
« bon Dieu. Ah ! qu'il nous laisse encore
« quelque peu de temps notre digne et
« saint Prélat, et, selon son souhait, nous
« formerons un peuple *d'une seule langue.*
« Priez le bon Dieu, vous ma Mère, avec
« vos bonnes et dignes sœurs, de vouloir
« bien conduire cette grande œuvre à
« bonne fin. Elle est vraiment digne des
« prières de votre respectable commu-
« nauté; je les sollicite avec confiance. »

Cette lettre tout intime et qui n'était aucunement destinée à la publicité, nous révèle bien le fond de l'âme de M. Favrel. Il désire le règne de l'Eglise catholique. Aussitôt qu'il le voit, il est dans l'allégresse.

Dieu lui réserve d'autres joies de ce genre non moins sensibles. Ce n'est plus à Langres qu'il les goûtera, mais à Rome même, « dans la cité sainte, » comme il l'appelle. C'était au printemps de 1842. Quel bonheur il y trouve! Que de joies réunies! Il visite Pierre dans l'auguste personne de Grégoire XVI et reçoit ses bénédictions ainsi que ses encouragements. Il baise avec un respect et un amour indicibles les reliques toujours jeunes des apôtres, des martyrs et des innombrables confesseurs de la foi; il s'agenouille devant les madones miraculeuses qui veillent, du haut des rues et des places publiques, sur les habitants de la Ville éternelle; il admire la science et la piété des éminents Prélats qui entourent le Chef de l'Eglise de leurs lumières et de leurs conseils. Et tous ces spectacles, dont Rome seule a le privilége, le ravissent et lui inspirent ce cri du cœur plus éloquent que toute parole : « Je passe-

« rais volontiers ma vie à Rome, si cela « entrait dans les vues de la divine Provi- « dence! »

La divine Providence ne le voulait pas. Mais si elle le ramena dans sa patrie, c'était encore pour lui procurer de plus grandes joies; car non-seulement il fut témoin du triomphe des doctrines romaines dans la plupart des diocèses de France, mais il eut le mérite d'y contribuer lui-même par toutes ses œuvres liturgiques, ainsi que par ses travaux au concile de Lyon et dans le diocèse d'Arras.

CHAPITRE XIII.

Autres vertus morales : Humilité. Mortification. Pauvreté.

Si M. Favrel pratiqua si bien les trois vertus théologales et la vertu de religion, on pense bien qu'il ne négligea pas les autres vertus morales.

Il était très humble. A l'exemple des saints, il ne voyait en lui que misère. Ce sentiment éclata surtout en 1832 pendant qu'il administrait les paroisses de Juzennecourt et de Blézy.

Mais n'hésitons pas à dire qu'il était excessif, car il engendrait dans le cœur de ce prêtre le trouble, le dépit, le découragement. M. Barrillot qui était le confident de ses peines, était obligé de lui écrire pour relever son courage. « Je n'aime pas les « longues lettres, lui disait-il dans une « lettre du 13 décembre 1832, mais la vôtre,

« mon bien cher ami, a fait exception. Loin « de me fatiguer, elle m'a reposé, édifié, « consolé... Le bon Dieu vous fait tant de « grâces, que vous avez raison de vous « trouver bien au-dessous de ce que vous « devriez être. Je suis loin de vous réfuter, « quoique je le pourrais cependant. Seule- « ment je vous conjure de ne point *vous « troubler de vos misères.* Que ce soit pour « vous une raison de frapper souvent aux « saints Cœurs de Jésus et de Marie, de les « intéresser en votre faveur, de leur dire « tout bonnement que c'est à eux à faire, « par là même que vous ne faites pas ou « que vous faites mal. *Nous ne pouvons être « trop petits à nos yeux;* mais le trouble, « le dépit nous feraient un mal extrême. « Oh! oui, nous laissons tous beaucoup à « désirer de l'esprit et du cœur de Jésus! »

Cette lettre, aussi glorieuse pour celui qui l'écrivait que pour celui qui la recevait, produisit son effet en dissipant le trouble et le dépit; mais heureusement elle laissa subsister dans l'âme de M. Favrel la conviction intime de son néant. Il ne comprenait pas comment Dieu l'avait élevé à l'honneur du sacerdoce. Aussi rapportait-il et sacrifiait-il tout à la souveraine Majesté de Dieu. Cette double pensée de l'infinie grandeur de Dieu et de son propre néant revenait sans cesse à son esprit, et présidait aux actes les plus importants de sa vie. En 1834 il se traça un réglement de vie, en tête duquel on lit, non sans une grande édification, les lignes suivantes : « Je soussigné, en présence de Dieu qui ne « m'a créé que pour lui, qui ne m'a honoré « de son sacerdoce, malgré mon indignité, « que pour sa gloire, à qui je me dois tout « entier, à qui appartient chacun des mo- « ments de mon existence, renonce entiè- « rement à ma propre volonté pour m'aban- « donner à la sienne; et avec le secours de « sa sainte grâce et l'appui de la très sainte « Vierge, serai fidèle aux règles sui- « vantes... »

La conclusion de ce réglement de vie ne respire pas moins le sentiment de la plus profonde humilité. M. Favrel se défie complétement de lui-même pour l'accomplissement de ses résolutions, et ne compte que sur la grâce de Dieu et l'intercession de la bonne Mère du ciel. Ecoutons plutôt :

« Mais comme de moi-même je ne puis « absolument rien, je conjure instamment « Celui qui donne le vouloir et le faire, de « m'accorder la grâce d'être constamment « fidèle à toutes ces règles. Je l'en conjure « dans l'intrêt de sa gloire, ne m'appuyant « que sur lui, par l'intercession de la très- « sainte Vierge, aux pieds de laquelle je « dépose ces dispositions, la priant de vou- « loir bien les agréer et les présenter elle- « même à son divin Fils, aujourd'hui que « nous célébrons la fête de ce saint nom, de « ce nom le plus puissant de tous après « celui de Jésus.

« Le 25 septembre 1834, jour de la fête « du saint nom de Marie par trans- « lation. »

Son testament, qui fut écrit à Juzennecourt le 25 octobre 1832, et confirmé en 1845 et en 1854, n'est pas moins édifiant : « J'accepte dès ce moment, disait-il, la « mort, en conformité à la sainte volonté « de Dieu et en pénitence de mes innom- « brables péchés, conjurant le Seigneur de « vouloir bien, au moment où il m'appel- « lera à lui, me recevoir dans le sein de ses

« miséricordes. Au reste je m'abandonne « en tout à la divine volonté, me jetant « entre les bras de la très sainte Vierge « Marie, mère de Dieu, me mettant sous la « protection de mon saint ange gardien, de « saint Joseph, de saint Pierre et de saint « François-Xavier, voulant mourir dans le « sein de l'Eglise catholique, apostolique « et romaine. »

Mais la véritable humilité ne s'exerce pas seulement à l'égard de Dieu ; elle se révèle dans les actes extérieurs et dans toutes les relations avec les autres hommes. C'est à cette vertu surtout qu'il faut attribuer cette charité, cette douceur, cette patience, cette affabilité, cette bonté de caractère, cette égalité d'âme, qui charmaient autrefois tous ceux qui avaient des rapports avec lui, et qu'aujourd'hui encore ses anciens amis qui, hélas! se font rares, ne cessent de rappeler et d'exalter. Ils se trompaient donc ceux qui ne voyaient dans ces admirables qualités que le simple épanouissement d'un excellent naturel. Non, elles étaient avant tout le fruit de la grâce divine, le résultat de fortes résolutions et de continuels efforts. Voici en effet ce que nous lisons dans son réglement de vie, n° 9.

« Puissé-je rendre toujours la religion « aimable par la charité, la douceur, la « patience, l'affabilité, la bonté du carac- « tère, l'égalité d'âme, l'humilité et toutes « les autres vertus! Je tâcherai de ne point « parler des autres si ce n'est pour en dire « du bien, les défendre, excuser leurs dé- « fauts. J'éviterai de parler de moi ou de « ma famille, soit en bien, soit en mal. Je « veillerai sur moi pour éviter la joie exces- « sive, les ris immodérés, pour éviter aussi « la tristesse et un air qui déplaise aux « autres. Je veux être simple, sans aucune « affectation, ni dans les paroles, ni dans « le ton, ni dans les manières, ni dans la « conduite. »

On nous objectera peut-être que les hautes positions occupées par lui, soit à Vannes, soit à Langres, soit à Arras, ne concordent guère avec ses résolutions. Nous répondrons que ces honneurs sont venus à lui sans qu'il les ait aucunement recherchés. S'il se rendit à Vannes, s'il résida dans les évêchés de Langres et d'Arras, c'est qu'il fut appelé par la voix de

Monseigneur Garnier et de Monseigneur Parisis, aussi bien que par la volonté de Dieu et par le conseil de ses supérieurs.

Bien plus, c'est au sein même de ces honneurs qu'il montra clairement le peu de cas qu'il en faisait. En 1827 sa position à Vannes était fort belle ; il la quitte pour reprendre le laborieux ministère de l'apostolat. A la vérité, il lui reste le droit de retourner à Vannes pour occuper la première chanoinie vacante. C'est là que nous allons le juger. Que va-t-il faire? Nous le saurons bientôt. Cette place devient libre en 1830. Une lettre de l'évêché de Vannes lui annonce cette nouvelle qui sourirait à tant d'âmes vulgaires. Que va répondre M. Favrel? « Je soussigné déclare renoncer libre-« ment et volontairement à mes droits « acquis à la première chanoinie vacante « de l'église cathédrale de Vannes... » Voilà l'ambition d'un prêtre de 32 ans; il continue d'accomplir à la lettre ses vœux d'obéissance, de pauvreté et de chasteté.

En 1850, même tentation à l'endroit des honneurs : le gouvernement lui offre un évêché dans les colonies françaises. Il refuse également.

En 1851, Mgr Parisis est transféré du siége de Langres à celui d'Arras. M. Favrel pensait simplement retourner à Langres. C'est lui-même qui nous l'apprend dans une lettre à son frère : « J'avais rêvé « le repos, et me disposais simplement à « aller passer des jours tranquilles dans « ma stalle à côté de toi. » S'il ne l'a pas fait, c'est que « le bon Dieu ne le voulait « pas ainsi; et ce qui est fait sans lui est « non avenu. »

Ce qui montre mieux encore l'humilité de son âme, c'est qu'au milieu des honneurs dont il se trouvait entouré à Vannes, à Langres, à Paris, à Arras, il n'en conçut jamais le moindre orgueil. Il resta toujours aussi simple, aussi franc, aussi bon, aussi dévoué qu'auparavant. C'est le témoignage que tous ses amis se plaisent à lui rendre. « Quelle vertu dans M. Favrel, » nous écrit M. Barthélemy, ce pieux et savant curé-doyen d'Auberive, qui l'avait si bien connu et qui était si capable de l'apprécier; « quelle vertu, et en même temps « quelle simplicité, quelle bonté à l'égard « des prêtres qui tous l'abordaient comme « on aborde tout autre confrère ! Il était

« sans morgue, sans fierté, se mêlant fami-
« lièrement avec tous dans les réunions
« comme le dernier d'entre eux; toujours
« prêt à écouter ceux qui le consultaient, et
« répondant toujours loyalement et claire-
« ment ce qu'il pensait. »

On ne peut faire un plus bel éloge de l'humilité de M. Favrel.

L'humilité engendre la mortification. Car si nous ne sommes que misère et péché, ne faut-il pas expier nos fautes par de justes pénitences? Notre Seigneur Jésus-Christ et tous les saints ne nous ont-ils pas tracé la voie? D'ailleurs M. Favrel n'avait-il pas été formé, dès le berceau, aux habitudes d'une vie pénitente? N'avait-il pas vu, au sein même de sa famille, son père et sa mère se contenter de quelques heures de sommeil, observer, avec une austérité qui effraierait notre mollesse, les lois et les usages diocésains sur le jeûne et l'abstinence, passant des semaines entières de carême dans la plus rigoureuse abstinence? Il ne dégénéra pas de ses courageux ancêtres.

Il n'a pas encore vingt-trois ans, il n'est

que diacre, et déjà il se fait enrôler dans la société des missions diocésaines avec Messieurs Sebile, Janny et Rigollot. Les débuts sont difficiles; les premiers missionnaires n'ont encore ni logement, ni nourriture, et ne s'entretiennent que par les largesses de quelques personnes charitables, particulièrement de MM. Philpin, Dufincourt et Barrillot. M. Favrel accepte avec plaisir une situation qui lui procure des traits de ressemblance avec les apôtres et avec le divin Modèle des prédicateurs, Notre Seigneur Jésus-Christ. Puis, pendant près de dix ans il sillonne le diocèse, exerçant avec un zèle infatigable le ministère évangélique; ministère dur en tous les temps, mais particulièrement à cette époque où la sévérité des principes forçait la plupart des fidèles à retourner bien des fois au saint tribunal pour recevoir l'absolution; en sorte que dans les dernières semaines de la mission les hommes de Dieu étaient obligés de passer au confessionnal une grande partie des nuits, ce qui ne les empêchait pas de se retrouver à l'Eglise le lendemain dès les quatre heures et demie du matin, même au milieu des froids les plus rigoureux de l'hiver. Et cette vie pénible, M. Favrel la mène pendant près de dix années.

Mais ces durs travaux n'étaient encore pour ainsi dire qu'un apprentissage des austérités auxquelles Dieu l'appelait.

L'année 1829 ouvre pour lui une ère nouvelle dans la voie des mortifications. Madame d'Houët, cette femme de caractère et de génie, cette amante passionnée de la croix, arrive à Langres et cherche à répandre autour d'elle les saintes flammes dont son cœur est embrasé. Ses efforts sont couronnés de succès; plusieurs prêtres adoptent ses idées de perfection, et un très-grand nombre de jeunes vierges s'enrôlent sous la bannière des *Fidèles compagnes de Jésus*. Mais nul ne montre plus d'ardeur et d'empressement que M. Favrel. Soudain il prend son essor vers ces sublimes régions du sacrifice, hélas! trop peu connues en nos jours de sensualisme. De concert avec la sainte veuve, il fonde une société religieuse qui repose sur l'esprit de mortification. Tous les membres font les trois vœux d'obéissance, de pauvreté et de chasteté perpétuelles, renonçant ainsi à leur volonté propre, aux biens de ce monde et à toutes les jouissances de la chair. De plus il décide que les membres de son Institut porteront le nom de Prêtres du Sacré-Cœur, nouveau motif de suivre les traces sanglantes du divin Crucifié, car le Cœur de Jésus, que la nouvelle congrégation veut spécialement honorer, est représenté par le Sauveur lui-même comme entouré d'épines et transpercé d'une longue croix.

Les souffrances continuelles, voilà donc le lot choisi par les Prêtres du Sacré-Cœur.

M. Favrel ne s'en contente pas. Il se livre à des pénitences extraordinaires et parfois exagérées. Ainsi il se privait habituellement, non-seulement de viande, mais même d'œufs, et vivait fort mal.

Les supérieurs l'apprirent, et le conjurèrent de modérer son ardeur : « *Mangez* « *des œufs et des bœufs,* lui écrivait plai- « samment M. Barrillot dans une lettre du « 13 décembre 1832. Mortifiez l'esprit et le « cœur tant que vous voudrez, mais je « souffre quand on me dit que vous vous « nourrissez mal. »

Plein de déférence pour son ancien supérieur, M. Favrel s'empresse d'obéir. Mais sa soif de mortification l'entraîne bientôt vers d'autres excès : il ne prenait qu'un seul repas dans la journée, faisait continuellement maigre, couchait sur la dure, et se couvrait insuffisamment.

Mgr Mathieu lui enjoint d'adoucir ce régime : « J'exige, mon très-cher, lui « écrit-il le 20 mars 1833, que vous adou-« cissiez votre genre de vie. Vous ne jeû-« nerez plus que jusqu'à midi; vous ferez « à ce moment la collation, si cela vous « arrange mieux, et le dîner le soir, ou « *vice versâ;* mais toujours les deux repas. « Vous ferez gras trois jours la semaine, « excepté la semaine sainte. Vous cou-« cherez sur une paillasse et un matelas, « avec des draps et suffisamment cou-« vert. »

Le bon prêtre, alors curé de Juzennecourt, écoute respectueusement ces avis; il modifie son genre de vie, mais se garde bien d'en écarter les pénitences. Son réglement tracé dans le cours de l'année suivante, nous le montre au contraire ingénieux à les multiplier sans nuire à sa santé. Voici ses résolutions sur ce point :

« Mon Dieu, faites-moi souvenir que je

« dois mortifier en tout mon esprit et ma « volonté, en sorte que je ne pense, ne parle « et n'agisse que par votre esprit, que je « ne voie que votre sainte volonté, que je « ne cherche que votre gloire.

« Quant aux mortificaations corporelles, « je dois me priver habituellement de « quelque chose pour mortifier la sensua- « lité. Je me mortifierai moins sur le pain « que sur autre chose.

« Le sommeil. Je resterai au lit 6 heures « au moins, 8 heures au plus (1). Je n'y « resterai au-delà que pour des raisons de « santé. Comme l'heure du coucher dépend « de mille circonstances, chaque jour en « me couchant je déterminerai l'heure du « lever, à laquelle je serai très exact. Si « j'étais infidèle à cette résolution, je pas- « serais à genoux *in plano* autant de temps « que par négligence j'en aurais passé au « lit au-delà du terme fixé.

« ... Si j'avais le malheur de manquer à

(1) Son dernier réglement porte : 8 heures au plus. Les réglements précédents étaient plus sévères : 7 heures au plus. Ses directeurs le forcèrent à modifier ce dernier point.

« mon oraison par ma faute, je réciterais le « soir trois *Miserere* les bras en croix.

« ... Si je manquais à ma visite au Saint-« Sacrement, je réciterais le soir avant de « me coucher 5 Pater, 5 Ave et 5 Actes de « contrition les bras en croix. »

Se peut-il quelque chose de plus édifiant?

Et ne croyons pas que ces résolutions étaient lettre morte. Non, il les relisait fréquemment, et les exécutait de point en point; car nous trouvons au bas de ce réglement les notes suivantes : « Confirmé à la retraite ecclésiastique de 1836 dirigée par M. Barrillot, de 1837 à la grande Chartreuse, de 1838 à Paris près de M. Rauzan, de 1839 à Metz chez les Pères jésuites, de 1840 à Langres dirigée par le P. Chaignon et deux autres jésuites, de 1842 à Langres par le P. Millet. »

Cet amour des croix lui faisait accepter avec une parfaite résignation toutes les épreuves de la vie. Bien plus il en remerciait le bon Dieu. Pendant sa maladie il écrivait à son frère : « Ne faut-il pas que « j'aie ma part de cette propriété du genre « humain? Oh! le bon Dieu est aussi juste

« que bon; et je comprends que je dois le « remercier de ne m'avoir pas exclu du « partage. Seulement je reconnais que ma « part est petite! »

Quelques semaines avant sa mort, son frère de Saint-Geosmes ayant été mandé près de lui dans un moment de crise terrible, il lui disait : « Je suis trop bien. On a « trop soin de moi, tandis qu'il y a tant de « malheureux qui n'ont point de lit pour se « coucher, pas même de pain à manger; » paroles touchantes où se vérifie admirablement le langage élogieux de Monseigneur Parisis à l'égard de son regretté vicaire-général : « dévoué au bien, *oublieux de lui-même.* »

L'esprit de mortification le conduisit à la pratique d'une autre vertu non moins rare ni moins précieuse : la pauvreté. Dès son enfance, M. Favrel témoigna la plus grande indifférence pour les biens de la terre. Plus d'une fois il sentit les privations au foyer domestique, mais jamais il ne s'en plaignait; il les supportait même avec une gaîté parfaite.

Les années ne firent que développer ces nobles sentiments. Aussitôt que ses études sont terminées, il entre dans la société des missionnaires diocésains qui venait de naître et qui manquait de tout. Pendant près de dix ans, les hommes de Dieu ne s'entretiennent que par les aumônes du roi, de M. Barrillot, et des prêtres qui les appellent pour évangéliser leurs paroisses. M. Favrel partage avec bonheur la vie pauvre de ses généreux collègues.

Ce n'est pas assez pour lui. En 1829 il porte l'héroïsme jusqu'à faire vœu de pauvreté perpétuelle. Et ce vœu, il l'interprète dans le sens le plus rigoureux : ne rien posséder en propre, pas même les plus petites choses ; en outre, ne rien désirer, parce que c'est alors seulement que l'on réalise la béatitude proclamée par Jésus-Christ : *bienheureux les pauvres d'esprit ;* enfin aimer cette sainte pauvreté, et se complaire dans les privations qui en sont la conséquence naturelle. Dans ses instructions aux religieuses Annonciades il aimait à rappeler les dispositions de sainte Madeleine de Pazzi relativement à cette vertu privilégiée : « Elle s'affligeait, disait-il, « quand la supérieure lui fournissait ce « qui lui manquait. Un jour elle n'avait

« point de pain à table ; elle en éprouva « tant de joie qu'elle s'en accusa. » Et il ajoutait : « Oh ! que je serais heureux si « j'allais manger, et point de pain ; me « coucher, et point de lit. » Ces petits traits peignent admirablement l'amour de Monsieur Favrel pour la sainte pauvreté.

On nous objectera peut-être qu'il fit commuer son vœu par l'autorité ecclésiastique. Nous répondrons qu'il n'en vint à cette détermination qu'avec répugnance et purement pour obéir à la volonté formelle et persistante de Mgr Parisis, qui voyait une incompatibilité absolue entre le vœu de pauvreté et les fonctions de vicaire-général et de secrétaire intime.

Du reste M. Favrel resta toujours fidèle à l'esprit, nous pourrions presque dire à la lettre de son vœu. Son testament, écrit à Juzennecourt en 1832, confirmé à Langres en 1845, et à Arras en 1854, ne laisse aucun doute sur les dispositions de son cœur : « Le peu, disait-il, qui se trouvera dans « mon ménage à ma mort, servira à ac- « quitter les dépenses courantes, et on fera « acquitter avec ma bibliothèque les messes « qui me resteraient à dire. Si, tout ac-

« quitté, il restait quelque peu de chose,
« ce serait le domaine des pauvres ; on en
« ferait des bonnes œuvres ; mes parents
« n'y auraient part qu'en qualité de pau-
« vres. »

Ainsi donc il espérait ne laisser que « peu » en mourant. Il tint parole. Les honoraires attachés aux fonctions qu'il remplit, furent toujours consacrés à des œuvres de charité. Aussi vivait-il habituellement dans une complète pauvreté. Le 2 janvier 1852, c'est-à-dire à une époque où il recevait ses appointements de vicaire-général titulaire, il écrivait à son frère : « Je nourris quelque espérance d'aller me « reposer chez toi ; pourvu que je ne sois « pas trop pauvre pour faire cette petite « course ! » A sa mort il ne laissa que quelques livres et un petit mobilier, fort décent mais sans luxe, qu'il s'était procuré en arrivant à Arras. C'est à peine si son frère de Saint-Geosmes, qui était son légataire universel, trouva de quoi payer les dettes courantes.

CHAPITRE XIV.

Moyens employés pour accroître ses vertus : Examen de conscience, confession, lecture spirituelle, travail.

Telles sont les vertus pratiquées par M. Favrel dans tout le cours de sa vie. Mais ce qui leur donne plus d'éclat et de mérite, c'est l'attention continuelle du saint prêtre à les alimenter et à les développer dans son âme. Nous pouvons affirmer qu'il ne négligea aucun des moyens indiqués par les auteurs ascétiques pour atteindre cet important résultat. Sous ce rapport, rien n'est édifiant comme son réglement de vie.

Chaque mois il faisait une retraite. « Le « premier mardi de chaque mois, disait-il, « sera pour moi un jour de retraite et de « préparation à la mort. Ce moment redou- « table approche. Je me transporterai en « esprit au tribunal du Souverain Juge, et

« je ferai ce jour-là ce que je voudrais avoir « fait s'il était dans sa volonté de m'appeler « à lui. » Et pour se bien préparer à ce « moment redoutable qui approche, » il recherchait les manquements commis ou les vertus négligées dans le mois précédent, puis il prenait des résolutions efficaces pour combattre ces défauts et acquérir ces vertus.

Tous les quinze jours il se confessait. S'il dépassait ce temps il priait son confesseur de lui imposer une pénitence pour ce délai. Et pour lui la confession n'était pas une accusation superficielle et sans conséquence, mais un acte très-grave qui devait atteindre le péché jusque dans sa racine. « Je ferai cette grande action, écrivait-il, « avec la préparation qu'elle requiert; je « demanderai la contrition; je m'y exci- « terai par les motifs les plus parfaits, et « j'en ferai les actes explicites, aussi bien « que du bon propos. La confession sera « courte, quoiqu'allant jusqu'au fond du « cœur et surtout à la racine du mal: atta- « chement à moi, attachement à tout ce qui « n'est pas Dieu; de là vices et imperfec- « tions, défauts dans les motifs... »

Ce sévère examen de la quinzaine ne l'empêchait pas d'en faire deux autres chaque jour, l'un particulier pendant la matinée, l'autre général sur le soir. « Ils « pourront l'un et l'autre, disait-il, durer « depuis cinq minutes jusqu'à un quart « d'heure. Dans le cas où l'un ou l'autre, « surtout le particulier, serait impossible « ou difficile, je suppléerais par quelques « invocations à Dieu, par quelques actes « de regret. Si j'y manquais par ma faute, « je donnerais deux sous aux pauvres. »

On pense bien qu'il n'oubliait pas la lecture spirituelle. Il avait une grande dévotion pour la sainte Ecriture, particulièrement pour le nouveau Testament qu'il portait constamment sur lui. Chaque matin il lisait quelques passages de ce livre divin, ce qui ne l'empêchait pas de faire encore dans la soirée quelque lecture dans l'*Imitation* ou dans « un autre livre tout-à-fait de piété. » Son réglement est formel.

Mais de tous les moyens de sanctification il en est un qu'il paraît avoir mieux connu, et pour lequel il semble avoir eu quelque préférence, c'est le travail. Que de fois il revient sur le bon emploi du temps dans ses lettres, dans ses instructions, dans son réglement de vie! Qu'est-ce que le temps? En apparence, rien, une ombre qui fuit, un éclair qui brille et disparaît, un vaisseau qui franchit l'Océan sans laisser trace de son passage. En réalité, c'est le prix du sang de Jésus-Christ, c'est tout, puisque ce moment engendre l'éternité. Il faut donc savoir en user.

D'autre part, le travail est une obligation rigoureuse. « L'homme est né pour tra« vailler, dit la Sainte-Ecriture, comme « l'oiseau pour voler. » Après le péché, le travail devient plus nécessaire et plus douloureux, car Adam criminel entend de la bouche de Dieu cet anathème : « La terre « produira pour toi des ronces et des « épines. Tu mangeras ton pain à la sueur « de ton front. » D'ailleurs Dieu n'opère-t-il pas sans cesse, et Jésus-Christ, notre divin modèle, n'a-t-il pas donné l'exemple du travail et de la souffrance? L'oisiveté n'est-elle pas la mère de tous le vices? Ne faut-il pas expier nos péchés?

M. Favrel travaillait donc, et ce travail il l'accomplissait avec une perfection qui rappelle les plus saintes âmes.

Dans quel but agit-il? Ici nous retrouvons encore sa chère devise : la volonté de Dieu, la gloire de Dieu, le saint Cœur de Jésus! « Je travaillerai, dit-il dans son « réglement, en conformité à la volonté de « Dieu, pour sa gloire, en union avec « Notre-Seigneur, avec le sentiment de sa « sainte présence. »

Ce n'est pas assez. Il faut encore que le travail soit exécuté dans un ordre parfait, et qu'il soit continuel. C'est ce que faisait M. Favrel : « Je tâcherai, disait-il encore « dans son réglement, de connaître la « sainte volonté de Dieu par celle de mes « supérieurs. Je mettrai toujours en pre- « mière ligne ce que je croirai le plus con- « forme à cette volonté : l'accomplissement « de mes devoirs personnels, les œuvres « de charité envers le prochain. D'abord « l'oraison, puis la récitation de l'office « divin aussitôt que possible; ensuite le « soin des confessions, l'étude de la théo- « logie, la préparation des instructions, le « tout d'accord avec les pratiques de piété, « et dans l'esprit qui en fait le fond. »

Nous ne pouvons pas douter que M. Favrel travaillait « dans cet esprit qui en fait le fond. » Mais montra-t-il de la constance dans le travail? Cette question n'est pas moins certaine. Son réglement est formel : « Je ne resterai pas oisif un seul instant. » Il tint parole.

Pendant ses études théologiques, M. Barrillot disait de lui : « c'est un sujet précieux sous tous les rapports. » Missionnaire, il consacre ses journées et une partie de ses nuits au dur ministère de l'apostolat.

Quand la révolution de 1830 ferme la maison de Saint-Geôsmes, il se met à la disposition de l'autorité diocésaine, et par sa merveilleuse activité rend des services signalés sur tous les points du diocèse.

Curé-doyen de Juzennecourt et de Blézy, il est tellement dévoré par l'ardeur de l'étude qu'il ne trouve pas assez d'occupation dans l'administration de ces deux paroisses. Il rédige, de concert avec quelques prêtres voisins, des questions de théologie pastorale. C'était en 1833. L'année suivante il continue dans le canton de Langres, à la cure de Saint-Geôsmes, auprès de son cher et vénérable ami, M. Janny, le même genre de travail, et le présente à Mgr Mathieu qui le félicite et l'encourage par la lettre suivante : « Mon bien cher « ami, je vois avec une grande satisfaction « les heureux commencements des confé- « rences ecclésiastiques que vous faites « avec quelques-uns de vos voisins. Je « vous prie de leur témoigner toute ma « satisfaction, et de les exhorter de ma « part à persévérer dans un exercice aussi « utile. » C'était le 3 juin 1834.

Ces encouragements produisent leur effet. M. Favrel fait de nouvelles conférences avec M. Janny et les prêtres voisins, puis les adresse encore à Mgr l'Evêque. Sa Grandeur le félicite une seconde fois, et ajoute quelques mots qui sont pour nous un trait de lumière : « Veuillez aussi, lui « dit-il, m'envoyer une nouvelle copie de « votre réglement des conférences. »

Ainsi M. Favrel ne s'était pas contenté de faire des conférences, il avait en outre rédigé les règles à suivre. C'est donc à lui surtout que revient l'honneur d'une institution qui a révélé de si beaux talents dans le clergé langrois, et produit de si grands travaux.

En 1835 il devient vicaire-général et secrétaire intime de Monseigneur Parisis.

Sa besogne est immense. Néanmoins, sur le désir de son illustre évêque, il commence un vaste travail sur notre histoire locale, et à cet effet se met en rapport avec des sociétés savantes. Un témoin compétent qui le vit un jour à Paris dans une de ces réunions, affirme « qu'il y était très considéré et y faisait autorité. » Mais M. Favrel fut obligé d'abandonner cette entreprise, parce qu'il était constamment dérangé par ses fonctions de grand-vicaire et par le service de secrétaire particulier de Mgr l'évêque; car, disait-il, « je ne puis « jamais compter sur plus d'une demi-« heure suivie. » Et c'est alors cependant qu'il entreprend ses graves et nombreux travaux liturgiques, qui pendant plusieurs années occupent toutes ses « demi-heures » libres et une partie de ses nuits.

Au concile de Lyon, sa nouvelle charge de secrétaire du saint Synode le fatigue et l'épuise : « J'avais besoin alors, disait-il à « son cher ami le vénérable doyen d'Au-« berive, de ne plus penser en français. Il « me fallait ne penser qu'en latin pour « pouvoir écrire plus vite. »

Mais c'est à Arras surtout que son activité dépasse toute mesure. Affaires administratives, conseil épiscopal, cérémoniaux, paroissiens, journaux, il mène tout de front : « Ah ! vraiment, écrivait-il à son frère, le « temps est une chose élastique, » et une autre fois : « Il y a toujours quelque coin « où l'on peut placer quelque chose. »

Puissance merveilleuse d'un travail soutenu ! C'est avec cette « chose élastique, » avec ces « petits coins, » avec ces « rares demi-heures » dérobées à de graves travaux du jour et de la nuit, qu'il put rédiger un manuscrit malheureusement inachevé sur les travaux des missionnaires de Saint-Geôsmes, manuscrit fort exact et qui nous a servi de guide et de base pour notre ouvrage sur *Les missionnaires du diocèse de Langres ;* qu'il contribua puissamment à la réorganisation de notre liturgie diocésaine ; qu'il composa ses cérémoniaux, ses paroissiens et ses livres de chant, et qu'il dirigea le *Journal d'Arras.*

Et toutes ces œuvres sont le fruit de ces cinq mots : « Je ne resterai jamais oisif ! »

Nous finissons ; car le lecteur comprend maintenant le secret de cette belle existence. Si la vie extérieure de M. Favrel était édifiante, sa vie intime était celle d'un saint.

Après les avoir étudiées toutes deux, nous sentons le besoin de les imiter, et de nous écrier comme M. Barrillot à la fin de son oraison funèbre : « Puisse le Seigneur « multiplier au sein de son Eglise les prê- « tres laborieux, humbles et dévoués « comme celui dont ses amis déplorent la « perte et redisent les vertus! »

APPENDICE

I.

Obsèques de M. l'abbé Pierre Favrel à Saint-Geosmes. — Résumé de l'oraison funèbre prononcée par M. Barrillot.

On lit dans le *Spectateur* de Dijon, sous la rubrique : *Langres, le 5 avril :*

« Il y a quelques jours, *la Société*, journal d'Arras, nous donnait sur la position de M. l'abbé Favrel, premier vicaire général du diocèse d'Arras, les plus alarmantes nouvelles, et formait en même temps des vœux pour que le Ciel daignât conserver au diocèse un administrateur habile, à Sa Grandeur, Monseigneur Parisis, un ami dévoué... Hélas ! ces vœux n'ont pas été exaucés, et les tristes prévisions ne se sont que trop réalisées. M. l'abbé Favrel n'est plus, ou plutôt, les jours courts et mauvais sont passés pour lui : il est dans le sein de Dieu.

« Cette perte sera vivement sentie par tous ceux qui connaissaient le mérite modeste mais éminent du vénérable prêtre. Le nom de M. l'abbé Favrel est un de ceux qui vivront dans le souvenir du clergé de Langres, à côté des noms bénis qui lui sont chers à tant de titres. Si au bout de quelques années, le diocèse d'Arras a suffisamment connu M. l'abbé Favrel pour en déplorer amèrement la perte, le diocèse de Langres l'a trop longtemps possédé dans son sein, pour ne pas être le premier à lui décerner de justes regrets.

« Hier, 4 avril, les obsèques de M. l'abbé Favrel ont eu lieu à Saint-Geosmes. On eût dit que la belle et vaste nef de cette église s'était transformée en cathédrale.

« Outre la présence de MM. les curés des alentours et tous les pieux fidèles de la paroisse, MM. les vicaires généraux titulaires, plusieurs membres du chapitre, les supérieurs des deux séminaires, accompagnés d'un assez grand nombre de leurs confrères, assistaient à la touchante cérémonie.

« C'était M. l'abbé Barrillot, premier vicaire général du diocèse qui présidait l'office. Inspiré par un cœur qui ne vieillit point, l'ancien et vénérable supérieur des séminaires a su retrouver de ces accents inspirés qui rappellent ses ravissantes improvisations d'autrefois, notamment celle qui célèbre si bien les épreuves et les vertus du respectable M. Caumont.

« Deux idées justes et fécondes résument l'oraison funèbre prononcée par M. le vicaire général : la mort de M. Favrel est un sujet de deuil, mais au point de vue de la foi, c'est encore plus un sujet de joie.

« Dans la première partie, l'orateur a parlé avec autant de sentiment que de convenance de toutes les personnes qu'afflige cette déplorable perte : l'excellent père et les parents de l'honorable défunt, l'illustre évêque d'Arras dont le cœur profondément affligé pleure un ami fidèle, les connaissances de M. l'abbé Favrel, particulièrement ceux qui l'ont accompagné dans ses missions, le bon et respectable directeur qui lui a prodigué des soins si affectueux et qui a ramené parmi nous ses mortelles dépouilles, la pieuse paroisse de Saint-Geosmes présente aux funérailles de celui qu'elle aime et quelle pleure comme un père, rien n'a échappé à la pathétique énumération de M. Barrillot.

« Arrivé à la seconde partie de son discours, l'orateur a esquissé la vie publique de M. le vicaire général d'Arras : la piété de son enfance, les vertus qui signalèrent son séjour au grand séminaire, son infatigable activité dans les missions... ses travaux dans l'administration diocésaine, son dévouement au grand évêque qui, après avoir constitué le diocèse de Langres, multiplie aujourd'hui les œuvres de son zèle dans le vaste diocèse d'Arras, ont fourni à M. Barrillot de beaux aperçus et des traits heureux.

« Formé à la piété par les leçons et les exemples d'une famille patriarcale et surtout de M. l'abbé Bailly qui, au milieu des jours mauvais, n'a pas cessé un instant d'assister ses compatriotes, et a laissé dans sa bonne paroisse de Saint-Maurice un souvenir ineffaçable, M. l'abbé Favrel dont le talent était une grande facilité, une étonnante ardeur, un bon sens exquis, fit avec distinction ses cours d'humanités et de théologie. Dès cette époque, son intelligence pénétrante et droite avait saisi, par une sorte d'intuition, le vrai point de vue des graves questions soulevées plus tard, en grande partie résolues de nos jours.

« L'énergie du caractère, la vivacité de la foi, la soif du sacrifice, l'amour des âmes avaient doué le jeune lévite du zèle et des qualités qui font les apôtres ; la carrière évangélique s'ouvrit devant lui, et les plus importantes localités du diocèse devinrent le théâtre de ses succès.

« M. l'abbé Favrel poursuivait ses courses laborieuses lorsqu'il crut devoir se rendre à l'appel de Mgr Garnier, son proche parent, évêque de Vannes, et préluda, sous les auspices de cet illustre parent, aux travaux que plus tard il devait, pendant vingt ans, accomplir à côté d'un éminent prélat, dans les diocèse de Langres et d'Arras. Rentré dans le diocèse de Langres, après la mort de Mgr Garnier, il reprend ses travaux apostoliques. Poussé par un plus grand désir de perfection et de dévouement, il essaye de fonder une maison religieuse dont la base était l'immolation de soi-même; mais le ciel se contenta de ses efforts et de ses vœux; alors survint un de ces orages politiques dont l'Eglise ressent presque toujours les funestes contre-coups. La société des missionnaires fut dissoute, et le projet de l'abbé Favrel devint impraticable. Diverses paroisses virent successivement ce prêtre dévoué ; car partout où il y avait des difficultés, il était à sa place.

« Enfin arriva le moment où la divine Providence daigna nous envoyer Mgr Parisis; une aimable franchise, une prodigieuse activité, une grande analogie de caractère, une cordiale entente en toutes choses, établirent promptement entre Sa Grandeur et M. l'abbé Favrel, une sympathie, disons le mot, une amitié également honorable et pour l'humble prêtre qui sut la mériter, et pour l'illustre prélat qui sut la conserver. Afin d'y rester fidèle, M. le vicaire général d'Arras rompit les liens les plus chers, à tel point qu'il ne craignit pas de sacrifier une position assurée, une haute dignité, son pays, ses parents, ses amis, j'ai presque dit son repos et sa vie, générosité touchante dans un siècle d'égoïsme, dévoûment admirable qui révèle un rare désintéressement, un noble cœur, une âme élevée.

« M. l'abbé Favrel était pour Mgr le confident de ses peines, l'infatigable auxiliaire de ses travaux, le compagnon assidu de ses voyages, l'homme de ses pensées, l'ami de son cœur. De cette sorte, il s'est trouvé mêlé à toutes les grandes choses qui ont marqué jusqu'alors la carrière de cet illustre prélat.

« Que dire des veilles laborieuses de M. l'abbé Favrel ? En dépit des préoccupations administratives qui l'absorbaient, il a trouvé moyen de donner au public un Manuel de « cérémonies romaines » dont les éditions se multiplient : un paroissien romain qui passe pour un des plus complets et des meilleurs.

« Quant à la candeur du caractère, à la bonté du cœur, à l'obligeance des procédés, les amis de M. Favrel, et ceux qui ont eu le bonheur d'entretenir des relations avec lui, peuvent seuls s'en faire une juste idée ; surtout ils n'ont pas d'expression pour rendre son aimable simplicité, sa charmante franchise, son extraordinaire innocence de mœurs.

« On le voit, les jours de M. l'abbé Favrel sont des jours pleins, *dies pleni invenientur in eis :* Jeune encore, si l'on considère ce que lui promettait de vie la force de sa constitution, il a parcouru en peu de temps une longue carrière, acquis une riche moisson de mérites, et laissé à tous les prêtres de nobles exemples ! Ah ! répétons-le avec le pieux orateur, puisse le Seigneur multiplier au sein de son église les prêtres laborieux, humbles, dévoués, comme celui dont ses amis déplorent la perte et redisent les vertus. (Extrait du *Spectateur,* journal de Dijon, 5 avril 1855.)

II.

Témoignage de Mgr Parisis à l'égard de M. Favrel.

Dans une circulaire datée d'Arras, le 3 avril 1855, adressée au clergé, l'illustre prélat disait :

« Vous avez bien voulu MM., vous associer à notre profonde douleur et comprendre le vide que laissait autour de nous la perte irréparable d'un ami éprouvé, d'un collaborateur infatigable, d'un prêtre aussi intelligent que modeste, aussi ferme dans ses principes que facile dans ses rapports, aussi dévoué au bien qu'oublieux de lui-même.

« Nous vous remercions affectueusement de votre sympathie ; la haute estime que vous avez conçue de M. l'abbé Favrel vous honore à nos yeux, et l'attachement dont il a reçu en nous quittant des témoignages si unanimes dans le diocèse et spécialement dans cette ville, nous y attache nous-même de plus en plus. »

III.

Son tombeau et son épitaphe.

Le corps de M. l'abbé Favrel a été placé dans un cercueil en chêne très-fort, garni de zinc à l'intérieur, tel qu'il était exposé à l'évêché d'Arras, avec la soutane, le surplis, l'aumusse et la barrette.

Il repose au cimetière de Saint-Geosmes à côté de M. l'abbé Sébile, premier supérieur des missionnaires de Saint-Geosmes, et de M. l'abbé Prudent, son collègue dans les missions, mort en odeur de sainteté.

Sur sa tombe sont inscrits ces mots, simples comme la vie du défunt :

Ici repose, en attendant
La résurrection générale,
Le corps de Pierre Favrel,
Missionnaire apostolique,
Ancien vicaire général, et
Chanoine titulaire du diocèse de Langres.
Décédé le 30 mars 1855. Vicaire-Général
Et Official du diocèse d'Arras.

Priez Dieu pour lui.

TABLE

LANGRES, IMP. FIRMIN DANGIEN.

www.ingramcontent.com/pod-product-compliance
Ingram Content Group UK Ltd.
Pitfield, Milton Keynes, MK11 3LW, UK
UKHW021055230726
13926UKWH00004B/1865

9 782014 465662